Maria Camila Iannini M.

Los Desechos Espaciales y el Derecho del Espacio Ultraterrestre

Maria Camila Iannini M.

Los Desechos Espaciales y el Derecho del Espacio Ultraterrestre

Análisis jurídico sobre los desechos espaciales y la responsabilidad dentro del Derecho Espacial e Internacional

PUBLICIA

Impressum / Aviso legal
Bibliografische Information der Deutschen Nationalbibliothek: Die Deutsche Nationalbibliothek verzeichnet diese Publikation in der Deutschen Nationalbibliografie; detaillierte bibliografische Daten sind im Internet über http://dnb.d-nb.de abrufbar.

Información bibliográfica de la Deutsche Nationalbibliothek: La Deutsche Nationalbibliothek clasifica esta publicación en la Deutsche Nationalbibliografie; los datos bibliográficos detallados están disponibles en internet en http://dnb.d-nb.de.

Coverbild / Imagen de portada: www.ingimage.com

Verlag / Editorial:
PUBLICIA
ist ein Imprint der / es una marca de
OmniScriptum Publishing Group
Contact: ICS Morebooks! Marketing SRL, 4, Industriala street, 3100 Balti, Republic of Moldova
Email / Correo Electrónico: info@omniscriptum.com

Herstellung: siehe letzte Seite /
Publicado en: consulte la última página
ISBN: 978-3-639-64710-5

MARIA CAMILA IANNINI MARTÍNEZ

LOS DESECHOS ESPACIALES Y SU TRATAMIENTO EN EL DERECHO DEL ESPACIO ULTRATERRESTRE

2017

RESUMEN

A través de los más de 50 años de actividad espacial, se han generado gran cantidad desechos que orbitan alrededor de la Tierra. La proliferación de los desechos espaciales ha venido aumentado de manera exponencial incrementando el riesgo de causar daños tanto en la Tierra como en el espacio ultraterrestre. Si bien las Naciones Unidas por medio del Tratado del Espacio, el Convenio sobre Responsabilidad y el Convenio de Registro ha establecido parámetros para que las víctimas de daños causados por objetos espaciales puedan reconocer el responsable y recibir de éste una indemnización pronta e integral, debido al momento en que fueron redactados dichos tratados y la amplitud en las definiciones de los mismos, no se estipuló si los daños causados por desechos espaciales podrían ser regulados bajo estos instrumentos internacionales, razón por la cual se hace necesario reglamentar los mecanismos tanto de mitigación de desechos como de solución de disputas que se generen por la responsabilidad por los daños ocasionados por desechos espaciales tanto en la Tierra como en el espacio ultraterrestre.

Palabras clave: objeto espacial, desecho espacial, responsabilidad, daño, Estado de lanzamiento, Estado de registro, mitigación, energía nuclear, UNCOPOUS, NASA, ESA, órbita, Derecho Internacional, Derecho Espacial.

ABSTRACT

Throughout the more than 50 years of space activity, debris has been generated around earth. Proliferation of this debris has been increasing exponentially, increasing the risk of harming earth and outer space. Although the United Nations has established, through Space Treaty, the Liability Convention and the Registration Convention, some parameters in order for the victims of the damaged caused by space debris to recognize the liability and to receive a full compensation; due to the time in which these agreements were drafted, and the amplitude in the definitions within them, it was never stipulated if the damaged caused by space debris could be regulated under these international instruments; which is why it is necessary to regulate the mechanisms used to mitigate the debris and to dissolve any type of disputes generated by the responsibility due to the damaged caused by space debris as in earth as in outer space.

Keywords: space object, space debris, liability, damage, a launching State, State of registry, mitigation, nuclear energy, UNCOPOUS, NASA, ESA, orbit, International Law, International Space Law.

ÍNDICE

CAPÍTULO I
DESECHOS ESPACIALES: ASPECTOS TÉCNICOS

CAPÍTULO II
REGULACIONES Y POSIBLES SOLUCIONES

CAPÍTULO III
EL DERECHO FRENTE AL PROBLEMA DE LOS DESECHOS ESPACIALES

CAPÍTULO IV

-Toda ciencia se convierte en poesía, después de haberse convertido en filosofía-

Novalis

1. INTRODUCCIÓN

A lo largo de la historia, diferentes civilizaciones se han preguntando sobre el funcionamiento de la Tierra y el espacio ultraterrestre. Dicho interés hizo que los griegos observaran el océano cósmico bautizando los objetos estáticos que veían en las noches como πλανήτης *planetas*, palabra que en griego significa errante[1], e influenciando igualmente a la filosofía puesto que al observar el espacio encontraban en él un elemento primero de todas las cosas, el origen, esencia o causa de la realidad o cosmos[2]. Igualmente, los romanos bautizaron a los planetas como sus deidades; Júpiter, rey de los dioses; Marte, dios de la guerra; Mercurio, mensajero de los dioses; Venus, diosa del amor y la belleza; Saturno, dios de la agricultura[3]. Igualmente, civilizaciones como los Mayas, Incas y Egipcios desarrollaron el estudio de lo que hoy conocemos como cuerpos celestes, satélites y planetas entre muchos otros.

Al transcurrir los siglos el hombre desarrolló la ciencia y con ella los principios de la física, materia que facilitaría la comprensión y estudio de los fenómenos ocurridos en la Tierra y asimismo de aquellos sucedidos en el espacio ultraterrestre. Grandes personajes como lo fueron Galileo Galilei, Johannes Kepler, Isaac Newton y Albert Einstein desarrollaron los principios científicos que en el futuro facilitarían la comprensión de la naturaleza del espacio.

---

[1] Real Academia de la Lengua española. Recuperado el 14 de febrero de 2012

[2] Ferguson, Katty. 2000. La Medida del Universo: La Histírca Búsqueda de Maneras para Cuantificar el Espacio.. Ed. Robinbook. Barcelona, España.

[3]Giorgio, Abetti. (1956) Historia de la Astronomía. Fondo de Cultura Económica. México. pp. 14.

El paso del tiempo y los avances tecnológicos hicieron que la ciencia espacial se fuera perfeccionando, haciendo que aquello que parecía proveniente de un libro de ciencia ficción de Julio Verne, tal como la llegada del hombre a la Luna, se convirtiera en una realidad. En este orden de ideas, fue el desarrollo de la cohetería a través de misiles como armas de guerra durante las primeras décadas del siglo XX la cual fue liderada por los científicos Konstantin Tsiolkovsky de Rusia, Robert H. Goddard de EE.UU y Hermann Oberth y Wernher von Braun de Alemania, lo que permitiría que en el futuro el hombre pudiera viajar al espacio con el antecedente de la creación del misil V-2 y el cohete Saturno V el cual llevaría al hombre a la Luna[4]. Fue entonces hasta la Segunda Guerra Mundial que las potencias se encargarían de perfeccionar la cohetería, la cual llegaría a su cúspide en el periodo de la Guerra Fría liderado por EE.UU. y URSS.

Debido al periodo de enfrentamiento ideológico entre el bloque occidental-capitalista (EE.UU) y oriental-comunista (URSS), se desarrolla aún más la cohetería y la ciencia espacial, así la URSS lanza desde Tyuratam, Kazajistán el primer satélite artificial llamado Spútnik dando inicio a la era de la exploración espacial, el 4 de octubre de 1957 y posteriormente el 12 de abril de 1961 lanzarían al espacio la primera nave espacial tripulada –Vostok 1- poniendo en órbita el primer astronauta: Yuri Gagarin. Tal y como era previsto, dichos lanzamientos generaron aún más rivalidad y competencia

[4] La cohetería durante la Segunda Guerra Mundial fue implementada con fines netamente bélicos y debido a las catastróficas condiciones en las cuales quedó Europa y Japón, los miembros de la comunidad internacional reflexionan sobre lo ocurrido y establecen en el tratado sobre los principios que deben regir las actividades de los Estados en la exploración y utilización del espacio ultraterrestre, incluso la Luna y otros cuerpos celestes (1967), por medio del artículo III y IV la relevancia del mantenimiento de la paz y la utilización del espacio ultraterrestre con fines pacíficos.

entre las potencias por conquistar del espacio[5], por lo que una gran serie de lanzamientos por parte de EE.UU. y URSS se llevaron acabo, sobresaliendo EE.UU. con la primera misión tripulada en llegar a la superficie de la Luna -Apolo 11- el 21 de julio de 1969. En dicha misión, Neil Armstong, el primer ser humano en pisar la Luna expresó una frase que marcaría el inicio de la "era espacial" y un punto de referencia histórico para la sociedad, sus palabras previas a pisar el piso lunar fueron: "*Este es un pequeño paso para un hombre pero un gran salto para la humanidad*".

Por la ocurrencia de estos sucesos y el gran avance tecnológico en la materia, la ciencia espacial a creado y desarrollado diferentes tipos de satélites entre los cuales se encuentran los de telecomunicaciones, meteorológicos, de navegación, de observación de la tierra, científicos y de propósitos experimentales entre otros. Así las cosas, a lo largo de los más de 50 años de actividad espacial, se han realizado más de 4.600 lanzamientos, ubicando a 12.500 satélites[6] que son rastreados y orbitan alrededor de la Tierra. No obstante, los satélites tienen una vida útil dentro del espacio ultraterrestre y una vez ésta se ha terminado pasan a ser "basura espacial". Sin embargo, dicha basura no solo se genera por el agotamiento de la vida útil de los satélites sino también por otros factores como, las partes desprendidas del vehículo lanzador una vez éste a salido de la Tierra, por colisión entre satélites o colisión entre la misma basura espacial.

---

[5] Si bien los Estados por medio de las Naciones Unidas ratifican en 1967 el Tratado sobre los principios que deben regir las actividades de los Estados en la exploración y utilización del espacio ultraterrestre, incluso la Luna y otros cuerpos celestes, en el cual se establece que el espacio ultraterrestre es inapropiable y por tal pertenece a toda la humanidad (entre otros principios), es pertinente aclarar que previo a dicho tratado las potencias creían que por medio de la apropiación darían hegemonía a sus naciones.

[6] Inter-Agency Space Debris Coordination Committee. IADC-WD-00-03, Version 4.0. Revision 8, March 12, 2010. pp.13

De acuerdo con lo planteado anteriormente, el presente proyecto de grado pretende evidenciar **i)** la importancia del tratamiento de cómo el problema de los desechos espaciales ha empezado a jugar un papel tan importante en el Derecho del Espacio Ultraterrestre, **ii)** la posición de la comunidad internacional frente a los desechos, **iii)** mostrar la carencia de normatividad jurídica y sus motivos, y **iv)** las posibles soluciones frente al problema. Por tanto, el orden que seguirá este proyecto será, en un ***primer capítulo***, exponer la importancia del problema de los desechos espaciales actualmente, la definición de este concepto, sus características, la relevancia del problema de los desechos espaciales, la manera de medición, los estándares planteado por las agencias espaciales y el tratamiento y problema de desechos espaciales con carga nuclear. En un ***segundo capítulo***, se expondrá la regulación no vinculante relativa a los desechos y las diferentes soluciones que han venido planteado frente al tema para mitigar el crecimiento exponencial de los desechos espaciales. En el ***tercer capítulo***, se expondrá cuál sería el tratamiento de los desechos espaciales a la luz de la responsabilidad en el Derecho del Espacio Ultraterrestre e Internacional y se sugerirá una posible solución (legislación) frente al tema, indicando la necesidad de normas internacionales frente a los desechos espaciales. Por último, en el ***cuarto capítulo*** se plantearán las conclusiones sobre la investigación.

-En lo tocante a la ciencia, la autoridad de un millar no es superior al humilde razonamiento de una sola persona- **Galileo Galilei**

CAPÍTULO I

LOS DESECHOS ESPACIALES: ASPECTOS TÉCNICOS

1. DEFINICIÓN DESECHO ESPACIAL

Es pertinente aclarar que el nombre técnico que se le ha dado a la basura dentro del espacio ha sido *desecho espacial*[7] y, de acuerdo con el Lineamiento de Mitigación de Desechos Espaciales adoptado por el Comité de Usos Pacíficos del Espacio Exterior en Junio 14 de 2007 y avalada por las Naciones Unidas en la Asamblea General en Diciembre 21 de 2007 por la Resolución 62/217[8], *son todos los objetos no funcionales hechos por el hombre, incluidos los mismos fragmentos y elementos, que orbiten alrededor de la Tierra o ingresen a la atmósfera*[9]. A medida que la explotación del espacio ultraterrestre continua creciendo por medio la utilización de telecomunicaciones[10], la población de desechos espaciales también se encuentra ascendiendo, incrementando la probabilidad de colisión entre los mismos desechos espaciales y/o entre satélites funcionales y desechos espaciales. Consecuentemente, los desechos espaciales son una amenaza latente para los objetos espaciales colocados en órbita e igualmente, existe el

---

[7] También conocido en inglés como *space debris* y en francés como *débris spatiaux*. Sin embargo, para el presente trabajo el término utilizado será *desecho especial.*

[8] UNCOPUOS Main Committee Report of June 15, 2007 as contained in UN Doc. A/62/20 (Annex) pp. 47 - 50 The Space Debris Mitigation Guidelines as adopted by the UNCOPUOS Main Committee were endorsed by the UN General Assembly without a vote in Resolution 62/217 "International Cooperation in the Peaceful Uses of Outer Space" of December 21, 2007 (para. 26).

[9] Ibíd. “space debris is defined as all man-made objects, including fragments and elements thereof, in Earth orbit or re-entering the atmosphere, that are nonfunctional”

[10] Hoy en día, las telecomunicaciones se manejan y realizan por medio de satélites y resultan ser un punto fundamental en la sociedad actual. Estos son algunas de las cosas que requieren la utilización de un satélite: telefonía a larga distancia, telefonía celular, Internet, GPS, cambios climáticos, televisión directa, teleobservación de la Tierra, etc.

riesgo que éstos desechos ocasionen daños en la Tierra cuando éstos no se desintegran ingresando a la atmósfera y ocasionando daños dentro de la superficie de la misma o dentro del espacio aéreo. Así las cosas, resulta apropiado la implementación de medidas que atenúen los desechos espaciales para preservar el medio ambiente del espacio ultraterrestre para futuras generaciones.

1. CLASES DE ÓRBITAS

La frontera entre el espacio aéreo de la Tierra y el espacio ultraterrestre ha sido materia de discordia en la comunidad internacional puesto que no se definido con exactitud[11]. A pesar de ello, la teoría de 100 kilómetros sobre el nivel del mar es la más aceptada, especialmente porque la actividad especial es imposible por debajo de esta altitud[12]. A pesar de la discusión de la

[11] El Convenio para la Reglamentación de la Navegación Aérea Internacional, más conocido como Convenio de París de 1919, estableció unos parámetros básicos para la navegación de aeronaves sobre el territorio de otro Estado. No obstante, el Convenio sobre la Aviación Civil Internacional, más conocido como el Convenio de Chicago de 1944, tuvo la intensión de actualizar la Convención de París sobre las normas de la aviación civil reglamentando entre otros las licencias al persona, reglamento del aire, meteorología, cartas aeronáuticas, tránsito aéreo, operación de aeronaves y aeronavegabilidad entre muchas otras cuestiones relativas a la aviación. Sin embargo, ambos convenios omitieron establecer el límite superior del espacio aéreo por lo cual, frente a la falta de reglamentación al respecto han surgido diferentes formas de delimitación como lo son i) delimitación basada en criterios científicos y tecnológicos, ii) delimitación arbitraria o frontera convencional y iii) delimitación basada en la perspectiva funcional, todas ellas teniendo en cuenta de una u otra manera que la actividad espacial solo se puede desarrollarse aproximadamente a los 100 km de altitud sobre el nivel del mar (UN DOC. A/AC-105/C-2/SR, par. 2 (5 de abril de 1979) haciendo referencia sobre el trabajo desarrollado por la Unión Soviética UN DOC.A/AC-105/C-2/L-121)

[12] Williamson, Mark. (2006) Space: The Fragile Frontier. American Institute of Aeronautics and Astronautics, pp. 32 Recuperado de la base de datos Heinonline el 12 de abril de 2012. Por lo general, dentro de la comunidad internacional por medio de los diferentes tratados internacionales sobre el Derecho Aéreo como Derecho del Espacio Ultraterrestre, se ha establecido que los aviones *navegan* puesto que el aire es un fluido y el avión debe cortar a través de dicho fluido para moverse (Artículo I y II Convenio sobre la Aviación Civil Internacional) y adicionalmente, la altitud máxima alcanzada por un avión es alrededor de 80 km de altitud sobre el nivel del mar. Por el contrario, según las condiciones atmosféricas que se experimentan en el espacio ultraterrestre, las naves u objetos espaciales no navegan sino que se *desplazan* puesto a pesar del vacío que posee la materia, su poca densidad obliga a que las naves espaciales tengan un medio para adquirir velocidad y propulsarse diferente. Actualmente, debido a la evolución tecnológica desarrollada hasta el momento, las naves espaciales solo pueden desplazarse a 180 km desde el nivel del mar.

frontera entre el límite superior del espacio aéreo y el límite inferior del espacio ultraterrestre, con seguridad se sabe que los objetos y desechos espaciales orbitan[13] en cuatro diferentes órbitas:

la primera se denomina la Orbita Baja más conocidas por sus siglas en inglés como LEO Low Earth Orbit, la cual se encuentra entre 200 Km. y 2.000 Km. encima de la Tierra. Esta órbita es catalogada como la más densa puesto que en ella se encuentran la mayor cantidad de objetos y desechos espaciales. Esto resulta ser así por tres ventajas características de la orbita LEO; i) al ser la órbita que más cerca se encuentra de la Tierra se necesita menos energía para colocar la carga útil en órbita[14], y al necesitar menos energía esto se traduce un vehículo de lanzamiento más pequeño y por lo tanto menos dinero invertido, ii) debido a la cercanía del objeto espacial con la Tierra, resulta más fácil obtener imágines con resoluciones más altas y obtener datos más precisos, y iii) el campo magnético de la Tierra ofrece a los objetos espaciales ubicados en LEO una protección adicional frente a las explosiones o tormentas solares. En LEO se encuentran los satélites de telobservación de la Tierra generalmente.

Un segundo tipo de órbita, es denominado Órbita de los satélites Geoestacionarios más conocida por sus siglas en inglés como GEO Geostationary Orbit. Es la segunda órbita más usada después de LEO y en ella los satélites deben ser situados a aproximadamente 35.786 Km. sobre la línea ecuatorial de la Tierra en donde éstos rotan de manera sincronizada con un punto específico de la Tierra en un periodo de 23 horas y 56 minutos. La

---

[13] Según el Diccionario de la Real Academia de la Lengua Española, una órbita es la trayectoria que, en el espacio, recorre un cuerpo sometido a la acción gravitatoria ejercida por los Astros. Recuperado el 28 de abril de 2012 http://buscon.rae.es/draeI/SrvltConsulta?TIPO_BUS=3&LEMA=%F3ribta

[14] La carga útil es la estructura que se quiere aterrizar en el espacio ultraterrestre. Así, un cohete que sale de la Tierra querrá aterrizar en el espacio ultraterrestre un satélite, dicho satélite es la carga útil del cohete.

ventaja de esta órbita es que no resulta necesario tener múltiples antenas que rastreen el satélite mientras orbitan, sino que su posición permite la cobertura continua de casi la mitad del globo terráqueo con la ayuda de otros dos satélites, porque éste siempre permanecerá visible y gira a la misma velocidad del periodo de rotación de Tierra. La mayoría de satélites de comunicación, televisión y observación climática operan en esta órbita. Sin embargo, debido a que solamente a los 35.786 Km. sobre la línea ecuatorial de la Tierra, los satélites experimentan el fenómeno de igual velocidad de rotación que la Tierra y al ser la órbita una circunferencia de 360°, la utilización de ésta es un recurso natural limitado y por tanto la Unión Internacional de Telecomunicaciones (UIT) es la entidad encargada de lleva a cabo el proceso para obtener una posición en la órbita GEO y una frecuencia radioeléctrica, conceptos que juntos constituyen el llamado ROE (Recurso Órbita Espectro). Así en primer lugar, el Estado que desee lanzar un satélite en órbita GEO deberá realizar la publicación anticipada de frecuencias radioeléctrica y el espacio que desea ocupar en la órbita. Posteriormente, la UIT analiza y distribuye la publicación anticipada ante todos los miembros de la organización y en caso en que algún miembro de ésta tenga problemas con la frecuencia radioeléctrica o posición orbital por el recurso órbita-espectro[15], el Estado miembro entrará en proceso de coordinación con el otro Estado para ver como hacen compatibles las comunicaciones. En caso que los Estados no logren ponerse de acuerdo en el proceso de coordinación, deberán acudir a la coordinación como forma alternativa de solución de controversias. Si por el contrario, los Estados logran ponerse de acuerdo en el proceso de

[15] Recurso órbita-espectro, es el recurso natural constituido por la órbita de los satélites geoestacionarios u otras órbitas de satélites y el espectro de frecuencias radioeléctricas atribuido o adjudicado a los servicios de radiocomunicaciones por satélite por la Unión Internacional de Telecomunicaciones. En otras palabras, es la combinación de la posición orbital con la frecuencia que utiliza el satélite conocido bajo las siglas de ROE. Recuperado el 20 de marzo de 2012 http://www.arkhaios.com/?p=2989

coordinación, se efectúa el registro en la UIT y por tanto se le asigna una frecuencia radioeléctrica y espacio en la orbita. Es relevante mencionar, que el registro confiere al operador del satélite un derecho de usufructo y no un derecho de propiedad toda vez que según el artículo II del tratado de sobre los principios que deben regir las actividades de los Estados en la exploración y utilización del Espacio Ultraterrestre, incluso la Luna y otros cuerpos celestes el espacio no es objeto de apropiación[16].

En tercer lugar Órbita Media, más conocida por sus siglas en inglés como MEO Medium Earth Orbit. Esta órbita se encuentra entre los 2.000 Km. de altitud por encima de la Tierra, es decir, por encima de LEO y debajo de la GEO. En esta órbita se encuentran los satélites de navegación satelital, tal y como los Sistemas de Posición Global (GPS por sus siglas en inglés) o Galileo.

Por último, en el cuarto tipo de órbita se encuentra la Órbita Alta más conocida como HEO por sus siglas en inglés High Earth Orbit. Está órbita se encuentra después la GEO, es decir, después de los 35.876 Km. e involucra a cualquier objeto que orbite la Tierra, tal como la Luna, naves, sondas espaciales o cualquier otro satélite artificial. A esta órbita también se ha le ha dado popularmente el nombre de cementerio espacial puesto que es en ella en donde son lanzados los satélites geoestacionarios cuando han comenzado a agotar su vida útil.

2. CLASIFICACION DE LOS DESECHOS

Tal como se mencionó en la introducción, a lo largo de los 50 años de actividad espacial se han producido considerables cantidades de desechos espaciales. De acuerdo con los estudios adelantados por la Oficina del

[16] Artículo II: El espacio ultraterrestre, incluso la Luna y otros cuerpos celestes, no podrá ser objeto de apropiación nacional por reivindicación de soberanía, uso u ocupación, ni de ninguna otra manera.

Programa de Desechos Orbitales de la NASA (NASA Orbital Debris Program Office) orbitan alrededor de la Tierra cerca de 19.000 objetos de más de 10 cm con un diámetro aproximadamente de 1cm a 10cm se estima que son 500.000, igualmente se estima que el número de partículas más pequeñas de 1 cm excede los 10.000.000[17]. Sin embargo, se ha establecido una diferenciación de los desechos espaciales para llevar una clasificación más acertada sobre la materia, así existen **i)** Los desechos espaciales relacionados con misiones (mission-related debris) los cuales se desprenden durante el funcionamiento normal de las operaciones en órbita, representan el 12% de los desechos en órbita por lo cual constituyen una suma a tener en cuenta; **ii)** los desechos espaciales desprendidos de satélites (satellite breakup) son aquellos destruidos por disociación bien sea por la carga explosiva, el cuerpo del cohete, choques accidentales o destrucción intencional. Actualmente, constituyen el 48% de lo objetos en órbita alrededor de la Tierra sobre una población total de 12.146 objetos; y **iii)** los desechos espaciales por eventos anormales (anomalous events) son aquellos en que se experimenta una separación anormal del vehículo lanzado. Estos eventos anormales pueden ser causados por deterioro de los materiales tales como manta térmica, escudos protectores de radiación, paneles solares o por el impacto de pequeñas partículas. La experiencia a través de los años indica que los desechos espaciales desprendidos de satélites producen considerablemente más desechos que los desechos espaciales por eventos anormales. Desde esta perspectiva, los desechos espaciales desprendidos de satélites miden los efectos de las actividades humanas sobre el medio ambiente, mientras que los desechos por eventos anormales pueden ser medidos por los efectos del medio ambiente sobre los objetos elaborados por

[17] Johnson, Nicholas L. Stansbery, Eugene. Whitlock,David O. Abercromby, Kira J. Shoots, Debra (2007) History of On-Orbit Satellite Fragmentations. Orbit Debris Program Office. 14th Edition. Texas, USA. pp. 6

el hombre[18]. Por último, **iv)** existen los desechos espaciales cuando los satélite dejan de funcionar, esto ocurre cuando los satélites se quedan sin combustible o energía, es decir, se agota tu carga útil, por lo cual las operadoras no pueden maniobrar los satélites y pasan a ser desechos espaciales.

Por otro lado, el Consejo Nacional de Ciencia y Tecnología y el Comité de Investigación de Transporte y desarrollo de los EE.UU. por medio del Reporte sobre Desechos Espaciales en 1995 hizo una clasificación muy acertada dividiendo los desechos en tres grupos. Un primer grupo son los desechos que miden más de 10 cm de diámetro y son comúnmente conocidos como objetos grandes, son fácilmente detectables, rastreables y catalogables. Un segundo grupo son los desechos que miden entre 1 cm y 10 cm de diámetro, son los objetos que representan mayor riesgo dentro del Espacio Ultraterrestre porque no pueden ser rastreables ni catalogables y dependiendo de la velocidad con que impacten otro objetos pueden llega a general daños catastróficos en el mismo. Por último, el tercer grupo son los desechos que miden menos de 1 cm de diámetro y son más comúnmente conocidos como desechos pequeños o en algunos casos microdesechos.

3. MEDICIÓN DE DESECHOS

Todos estos desechos son monitoreados por el Sistema de Vigilancia Espacial de los EE.UU. (Space Surveillance Systems -SS) el cual se encarga de detectar, rastrear, catalogar e identificar todos los objetos (activos o

[18] Ibíd. pp. 2. "From one perspective, satellite breakups may be viewed as a measure of the effects of man's activity on the environment, while anomalous events may be a measure of the effects of the environment on man-made objects".

inactivos) que orbitan la Tierra por medio de potentes radares, entre los que se encuentran **i)** los radares de fase de selección (phased-array radars in low-Earth Orbit -LEO) los cuales rastrean múltiples satélites simultáneamente y pueden escanear grandes áreas del espacio en fracción de segundos, por medio de estos radares es posible detectar desechos de tamaño milimétrico y es en donde se encuentran más desechos espaciales actualmente[19]; **ii)** los radares convencionales (conventional radars Midium Earth Orbit -MEO) usan antenas de detección inmóvil y de rastreo. La antena de detección funciona transmitiendo energía al radar en forma de abanico, por lo que cuando el satélite/desecho intercepta el abanico, la energía es reflejada en la antena provocando que aparezca el objeto en la antena de rastreo. Posteriormente, la antena de trasteo cierra el haz de energía sobre el objeto detectado y da la orden de los datos orbitales; **iii)** los radares terrestres de profundidad electro-ópticos del Sistema de Vigilancia espacial (Ground-Base Electro-Optical Deep Space Surveillance System- GEODSS) consisten en tres sensores de telescopios conectados a una cámara de video. Las cámaras irradian la señal a unos computadores proyectando las imágenes. Dichas imágenes son transportadas por medio de un impulso electrónico y gravadas en una cinta magnética. Así las cosas, la imagen puede ser analizada en tiempo real[20] y por medio de estos radares es posible detectar desechos desde 10 cm en adelante.

La combinación de estos tres tipos de radares permiten la observación de 80.000 satélites al día, información que es procesada por la Red del Sistema

---

[19] Catálogo de Objetos Espaciales

Tipo de Orbita	LEO	MEO	GEO	Otros	Total
Objetos Catalogados	5747	134	601	1447	7929

[20] Space Surveillance Network. United States Space Command. Recuperado el 1 de noviembre de 2011: http://www.au.af.mil/au/awc/awcgate/usspc-fs/space.htm

de Vigilancia (Space Surveillance Network –SSN) y transmitida al Comando Espacial de los Estados Unidos (United States Space Command - USSPACECOM) vía satélite, fibra óptica, microondas y telefónica. Sin embargo, la NASA no es la única institución que mide, rastrea y observa los desechos espaciales, la Unión Europea (UE) por medio de la Agencia Espacial Europea (ESA por sus siglas en inglés) también ha desarrollado otro tipo de radares que sirven para la observación y detección de desechos en el espacio, entre ellos se encuentran el Sistema alemán TIRA por sus siglas en inglés (Tracking and Imaging Radar) el cual detecta desechos del diámetro de 2 cm a una distancia de 1000 km. Igualmente, existe el radar EISCAT (European Incoherent Scatter Radar) ubicado en Tromsø, Noruega el cual opera con un radar de 930-MHz UHF y 225-MHz VHF y realiza mediciones ionosféricas.

4. LA GRAVEDAD DEL PROBLEMA

Debido a los beneficios que se obtienen de los satélites en la sociedad, los radares de observación y detección juegan un papel importante para continuar abriendo la frontera espacial. No obstante, a través de los más de 50 años de desarrollo espacial, se ha generado una gran cantidad de concentración de desechos que ha empeorado sustancialmente por choques de satélites[21], aquellos relacionados con misiones[22], los producidor por eventos anormales, los desechos espaciales desprendidos de satélites y los desechos por

[21] El primer choque de satélites ocurrió el 10 de febrero de 2009 cuando el satélites de comunicación ruso Cosmos-2251, el cual se encontraba fuera de funcionamiento desde 1995, chocó con el satélite estadounidense Iridium-33 a 776 Km. de altura de la Tierra, el choque produjo una nube de más de 500 fragmentos de desecho espacial que se ha ido dispersando. Tal como lo indicaron la NASA y ESA este fue el primer choque de satélites que orbitaban normalmente en los más de 50 años de actividad espacial poniendo en alerta a la comunidad especial por futuros acontecimientos de igual carácter. Recuperado el 30 de octubre de 2011: http://www.esa.int/gsp/ACT/ariadna/Ariadna%20Projects/ARI_study_10-CfI.html

[22] El 11 de enero de 2007 China destruyó un satélite meteorológico Fengyún por medio de un proyectil cinético el cual produjo gran cantidad de desechos espaciales. Recuperado el 30 octubre de 2011: http://www.technologyreview.com/computing/18281/

terminación de la vida útil del satélite han hecho que dicha concentración de desechos termine por afectar a los objetos puestos en órbita alrededor de la Tierra por más inmensurable que sea el espacio.

Actualmente la NASA estima que existen aproximadamente 19.000 objetos entre 10 cm o más, 500.000 objetos entre 1 a 10 cm de diámetro y 10.000.000 de partículas más pequeña que un 1 cm orbitando la Tierra. Se calcula que estos desechos pueden viajar a una velocidad de 20 km/segundo. Así, los desechos que tienen menos de 0.01cm pueden ocasionar hoyos y erosión sobre otros objetos especiales, en cuanto a los desechos del tamaño de 0.01cm a 1 cm produce impactos significativos ocasionando daños severos dependiendo de la vulnerabilidad del sistema y el diseño con el cual este protegido el objetos espacial impactado. Por ejemplo, el daño que puede ocasionar un desecho del tamaño de 1.3 cm en órbita LEO viajando a una velocidad de 10 Km/segundo equivale al impacto de una bala calibre 22[23]. Igualmente, un desecho de 1 cm de diámetro ubicado en esta órbita puede dañar un satélite en perfecto funcionamiento al colisionar con él[24]. Por último, los desechos de 10 cm al impactar otro objeto tendría efectos catastróficos puesto que existe una gran probabilidad que éste dañe de manera considerable el objeto impactado o genere más desechos. Sin embargo el número de partículas registradas de 10 cm sigue siendo pequeña (aunque ha venido aumentando) por lo cual es improbable que una colisión ocurra. Si bien los satélites pueden ser protegidos por un escudo o blindados para salvaguardarlos de futuras colisiones, el material extra utilizado para dicho blindaje hace que el lanzamiento del vehículo, el poder maniobrarlo y

[23] Oficina de Ciencia y Tecnología. Reporte Interinstitucional sobre Desechos Espaciales. Noviembre de 1995. pp.8 Recuperado el 30 de octubre de 2011: http://orbitaldebris.jsc.nasa.gov/library/IAR_95_Document.pdf

[24] Monitoring Space Debris. European Space Agency, video http://www.youtube.com/watch?v=8iRsaizBUaY CITAR Recuperado el 20 de noviembre de 2011.

su aterrizaje resulte difícil y costoso[25]. Por otro lado, la gran demanda por hacer uso de los satélites en órbita geoestacionaria ha hecho que una vez se sepa que el satélite ha empezado a agotar su vida útil, éste por orden de la UIT sea lanzado a una órbita más alta como lo es la órbita HEO, dejando de ocupar una posición en la órbita de los satélites geostacionarios y ubicado el satélite en el cementerio espacial. No obstante, en la actualidad la GEO se está viendo realmente afectada por los desechos espaciales porque estos satélites producen más desechos cuando cambian de posición. Esto se debe a la forma de la Tierra y las fuerzas gravitacionales generadas por el Sol y la Luna, hacen que los satélites geoestacionarios vean alterada su órbita y deban reposicionarse haciendo uso de los sistemas de propulsión para hacer ajustes de altitud. Dichos sistemas de propulsión son altamente explosivos y resultan ser fuente de microdesechos los cuales pueden llegar a permanecer entre 1 millón y 10 millones de años en GEO y afectar a otros satélites en esta órbita.

Se calcula que si la Tierra es observada desde afuera, ésta se ve como se muestra en la imagen:

Por otro lado, es necesario mencionar que la Tierra tiene un efecto positivo

---

[25] Pusey, Natalie. (2010) The Case of Preserving Nothing: The Need for a Global Response to the Space Debris Problema. Colorado Journal of International Environmental Law and Policy 425, Spring pp.430

sobre muchos de los desechos espaciales, puesto que éstos pierden energía debido a la fricción con la parte alta de la atmósfera y con el paso del tiempo los desechos caen progresivamente en diferentes órbitas, haciendo finalmente que los desechos entren a la atmósfera debido a la fuerza gravitacional de la Tierra y dependiendo del tamaño del desecho se queme por la fricción o eventualmente caigan a la Tierra. No obstante, es más grande la cantidad de desechos que siguen orbitando que aquellos que ingresan la atmósfera y posteriormente caen en la Tierra. Así se a evidenciado en satélites como el COSMOS 954 el cual cayó en Canadá en el año 1978, la estación espacial MIR la cual cayó en el Océano Pacífico el 2001 o el satélite UARS (Upper Atmosphere Research Satellite) el cual también cayó en el Océano Pacífico en septiembre de 2011.

Por otro lado, es relevante mencionar que los desechos no solo afectan a objetos espaciales, sino también afecta la observación astronómica. Esto se debe a que en la actualidad existen "nubes de desechos", dichas nubes se han creado por la incontrolada colisión entre los mismos desechos o por la explosión intencional de satélites[26], no permitiendo observar con claridad el espacio ultraterrestre. Igualmente, las "nubes de desechos" representan un riesgo para el lanzamiento y aterrizaje de objetos espaciales porque van creando un "alambre de púas" alrededor de la Tierra (ver CD).

Como se ha venido mostrando, los desechos espaciales han venido aumentando y la afirmación de su crecimiento exponencial no resulta reciente

---

[26] El 11 de enero de 2007 China realizando pruebas militares lanzó un misil balístico de medio alcance desde el Centro Espacial Xichang para destruir el satélite meteorológico Feng Yun 1C el cual se encontraba en órbita desde 1999. La destrucción de este satélite tuvo como consecuencia gran cantidad de desechos espaciales y por la gran cercanía en la que estaba el satélite de la Estación Espacial Internacional, ésta tuvo que ser elevada 1,7 km hasta que alcanzó 391,6 km para evitar un posible desastre en caso que los desechos chocaran con la Estación.

puesto que desde el año 1978 el científico Donald Kessler por medio de su libro Frecuencia de Colisión de Satélites Artificiales: la Creación del Cinturón de Desechos, plantea la teoría que a medida que los satélites artificiales incrementen en el espacio, la probabilidad de colisión entre satélites también incrementa debido a que la colisión de satélites producirá desechos espaciales, llevando a que se cree un cinturón de éstos alrededor de la Tierra. Los cálculos realizados por Kessler y su teoría, no resultan del todo desacertados puesto que si bien el autor plantó que la primera colisión se efectuaría (tal como se expone en el cuadro) entre 1986 y 1997, de acuerdo con la realidad el primer choque de satélites se efectuó el 10 de febrero del 2009 entre el satélite IRIDIUM 33 y el COSMOS 2251 generando grandes nueves de desechos según la SSN.

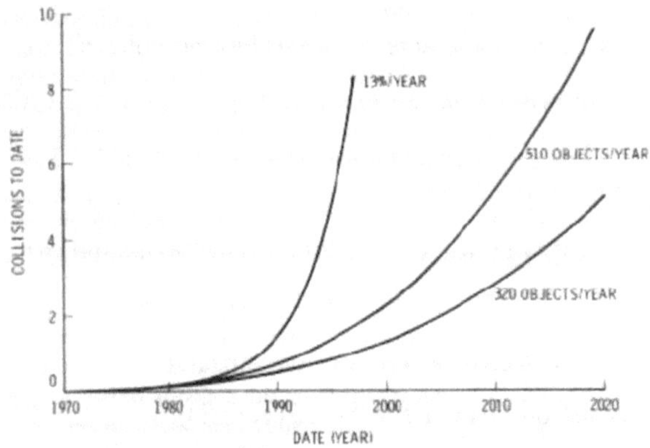

Fig. 4. Total collisions by the given date under various growth assumptions. The first collision is expected between 1989 and 1997.

5. DESECHOS CON CARGA NUCLEAR

Otra de las grandes preocupaciones de los desechos espaciales, son aquellos objetos con carga nuclear[27]. Sin bien para algunos científicos y expertos espaciales, la energía nuclear es la clave del éxito para el futuro de la humanidad en el espacio[28], ambientalista y grupos anti-nucleares discrepan de esta posición por las consecuencias catastróficas que la energía nuclear puede ocasionar tanto en la Tierra como en el espacio ultraterrestre.

El uso de energía nuclear en misiones espaciales se ha hecho a través de Generadores Radioisotópicos Termoeléctricos (radioisotope thermoelectric generators "RTG"), el cual provee energía a la nave espacial convirtiendo el calor del decaimiento natural del plutonio en electricidad, por lo tanto no son reactores nucleares puesto que no producen energía nuclear por fusión o fisión[29]. Este tipo de energía tiene como ventaja su peso, eficiencia, longevidad, confiabilidad y durabilidad dentro del espacio ultraterrestre. RTG han sido usados en misiones desde 1960, entre ellas se encuentran las misiones Apollo a la Luna, la misión Vikingo a Marte y las misiones Pionero, Ulises y Galileo a otros sistemas solares[30]. A pesar del éxito de las misiones antes nombradas, ciertos fracasos que han creado desconfianza en la comunidad antinuclear y protectora del medio ambiente, entre ellos se encuentran el satélite SNAP-9ARTG el cual contenía 1 kg de plutonio-238 liquido y en 1964 ingresando a la atmósfera por el hemisferio sur sobre el occidente del Océano Índico cerca de Madagascar. El plutonio que contenía

---

[27] MacAvoy, Joseph J. (2004) Nuclear Space and the Earth Enviroment: the Benefits, Dangers and Legality of Nuclear Power and Propulsion in Outer Space. William and Mary Environmental Law and Policy Review. Vol 29. pp.193

[28] The Pro-Nuclear Space Movement. Recuperado el 1 de abril de 2012, at http://www.nuclearspace.com/ Robert Zubrin, Power and Purpose in Space: Without Nuclear-Powered Spacecraft, We'll Never Get Anywhere, IEEE SPECTRUM en http:/!www.spectrum.ieee.org/WEBONLY/resource/nov02/speak2.htm.

15 Grossman, Karl.(1997) The Wrong Stuff: The Space Program's Nuclear. Common Courage Press. Atlanta Book Company. Common Courage Press. pp. 45

[29] Un redactor nuclear es un dispositivo donde se produce una reacción nuclear controlada. Opera convirtiendo el calor generado por la fisión de átomos pesados en electricidad.

[30] Loft, Kurt. Too Close for Comfort? (1999) The Tampa Tribune Press. pp.6

el satélite se quemó, incrementando sustancialmente los casos de cáncer de pulmón en la zona[31] y de acuerdo con lo estudios realizados, se estima que la cantidad de plutonio-238 en el mundo se ha duplicado[32]. Otro caso haciendo uso de RTG fue el satélite meteorológico *Nimbus* B-1 que en 1968 ingresó a la atmósfera por un comando de destrucción que afectaba la seguridad del satélite. La estructura de calor radioisotópica fue recuperada cinco meses después cerca de Santa Bárbara, California. Según la NASA el plutonio no salió de la cápsula de seguridad y por tanto no afectó al medio ambiente. Un tercer accidente, se evidenció en la misión a la Luna *Apollo 13*, en la cual la explosión de un tanque de oxígeno generó la pérdida de electricidad, luz y agua en el comando de control de la nave. El *Apollo 13* cargaba consigo plutonio líquido. Durante el ingreso a la Tierra la fuente de calor del RTG se rompió pero logró ingresar a la atmósfera intacta. Por último, el peor accidente de un satélite con carga nuclear que se ha percibido, ocurrió en Canadá en 1978 cuando el satélite ruso COSMOS 954 ingresó a la atmósfera rompiéndose y propagando desechos radioactivos alrededor de 800 Km. en territorio canadiense.

De acuerdo con lo planteado con anterioridad, la creciente e importante utilización de la energía nuclear en actividades espaciales, hizo que la comunidad internacional adoptara los Principios pertinentes a la utilización de las fuentes de energía nuclear en el espacio ultraterrestre aprobados por la asamblea general de las Naciones Unidas en la resolución 47/68 del 14 de diciembre de 1992, en la cual se reconocen los riesgos que el material radioactivo entraña y por tanto dentro de sus objetivos generales establece

[31] Recuperado el 1 de abril de 2012 http://nuclearfreeplanet.org/blogs/russias-radioactive-phobos-grunt-space-probe-fell-to-earth-sunday.html

[32] Debido a este accidente, los satélites que hacen uso de RTG fueron rediseñados para contener el plutonio líquido y que éste sobreviviera el reintegro a la atmósfera. MacAvoy, Joseph. Op.Cit.pp. 191

medidas de protección contra la radiación y seguridad nuclear. Sin embargo, por el hecho de ser una resolución y no un tratado, los efectos que tienen los principios pertinentes a la utilización de las fuentes de energía nuclear en el espacio ultraterrestre desafortunadamente no son vinculantes como podría ser un tratado . No obstante, la Asamblea General de Naciones Unidas de manera unánime adoptó esta resolución, lo cual indica que éstos principios representan estándares internacionalmente reconocidos e igualmente, tal y como lo exponen los principios en el Artículo I Las actividades relativas en la utilización de fuentes de energía nuclear en el espacio ultraterrestre, se efectuarán de conformidad con el derecho internacional, particularmente de conformidad con la Carta de las Naciones Unidas y el Tratado sobre los principios que deben regir las actividades de los Estados en la exploración y utilización del espacio ultraterrestre, incluso la Luna y otros cuerpos celestes.

-¡Triste época la nuestra! Es más fácil desintegrar un átomo que un prejuicio- ***Albert Einstein***

CAPÍTULO II

REGULACIONES Y POSIBLES SOLUCIONES

1. DIFERENTES REGULACIONES SOBRE LOS DESECHOS ESPACIALES

Debido a la gravedad del problema que representan los desechos espaciales en el espacio ultraterrestre, los países reconocen la importancia de mantener un acceso sostenible al espacio para las futuras generaciones y así diferentes actores espaciales (Estados, Organizaciones Gubernamentales y no Gubernamentales) han creado ciertas recomendaciones en relación a los desechos espaciales. En 1995, la primera agencia espacial que manifestó la problemática sobre los desechos espaciales fue la NASA en un documento que mostraba un conjunto de parámetros para la mitigación de los mismos. Dos años después la NASA, con ayuda del Departamento de Defensa, estableció una serie de parámetros para mitigar los desechos espaciales. De igual forma, agencias espaciales como la francesa, rusa, japonesa y la ESA han desarrollado también sus propios parámetros para la mitigación de los desechos.

Por otro lado, si bien la Oficina de Asuntos Espaciales de las Naciones Unidas (UNOOSA por sus siglas en inglés) , por medio del Comité para el Uso Pacífico del Espacio Ultraterrestre (mas conocido como UNCOPUOS por sus siglas en inglés) el cual se encuentra dividido en dos subcomités: el Comité Jurídico y el Comité Técnico y Científico, tomo nota del problema que representa la basura espacial en 1980[33] y aunque desde 1994 de los desechos espaciales habían sido materia de discusión en el Comité Técnico y Científico, es solo hasta 1999 que éste Comité adoptó un reporte técnico sobre desechos espaciales reconociendo que los desechos resultan ser un riesgo para los objetos puestos en órbita alrededor de la Tierra, por lo cual publican directrices para aminorar los desechos en el espacio.

Posteriormente, el 15 de octubre de 2002 el Comité de Coordinación Interinstitucional de los Desechos Espaciales (Inter-Agency Space Debris Coordination Committee –IADC) el cual está conformado por la Agencia Espacial Italiana, el Centro Británico del Espacio, Centro Nacional de Estudios Espaciales de Francia, Administración Nacional del Espacio Chino, Centro Alemán del Espacio, la ESA, la Organización de Investigación del Espacio India, Japón, la NASA, la Agencia Nacional del Espacio de Ucrania y la Agencia Aeronáutica y Espacial de Rusia, se crea con el objetivo de observar, investigar y mitigar los desechos en el espacio teniendo como propósito i) limitar los desechos expulsados durante las operaciones normales; ii) minimización del potencial de los desprendimientos en órbita; iii) manejo de residuos post-misiones; iv) y prevención de colisiones en órbita (IADC-02-01). Adicionalmente, IADC recomienda que la mitigación de desechos sea implementada en cualquier proyecto espacial y requiere que los Estados de manera voluntaria realicen un reporte de la misma clase con los esfuerzos realizados para mitigar la creación de nuevos desechos. Dichos propósitos fueron publicados por UNCOPUOS el 27 de noviembre de 2002, bajo la dirección de la Subcomisión de Asuntos Científicos y Técnicos bajo el titulo Directrices del Comité Interinstitucional de Coordinación en materia

---

[33] Baker, Howard A. (1989) Space Debris: Legal and Policy Implications. University of Colorado Law Review 55.

de Desechos Espaciales para la reducción de los desechos espaciales[34].

Finalmente, en el 2007 el Comité Técnico y Científico adoptó, de manera consensual, parámetros para la mitigación de desechos espaciales, dichos parámetros fueron subsecuentemente adoptados por el comité principal de UNCOPUOS el 15 de junio de 2007 y fue apoyado por la Asamblea General de las Naciones Unidas por consenso en la Resolución 61/111 "Cooperación Internacional en los Usos Pacíficos del Espacio Ultraterrestre" en febrero 15 de 2008. Este texto técnico fue redactado de manera comprensiva (sorpresivamente) explicando la filosofía de la mitigación de los desechos espaciales de manera general y estableciendo la importancia de la adopción de medidas para la mitigación de desechos. La naturaleza de estos parámetros no resulta vinculante entre Estados sino más bien tiene un carácter recomendatorio[35], debido a que dichos parámetros representan una solución al problema de la mitigación de derechos espaciales en aquellos países productores de objetos espaciales. Así, se puede evidenciar como EE.UU., la ESA o Japón han adoptado fuertes estándares para mitigar los desechos y son aplicados actualmente con mayor rigidez que los establecidos en UNCOPUOS. Sin embargo, si bien el carácter de estos lineamientos resulta ser recomendatorio y por tanto no resultan ser vinculantes, la práctica reiterada de las mismas pude convertirse en costumbre internacional.

2. POSIBLES SOLUCIONES TÉCNICAS

Adicionalmente a la guía adoptada por la Asamblea General de las Naciones Unidas, las diferentes agencias especiales han plantado posibles soluciones para mitigar los desechos espaciales. Dentro de aquellas soluciones se

---

[34] UN DOC A/AC.105/C.1/L.260

[35] Benkö, Marietta and Kai-Uwe Schrogl. (2008) European Space Policy Institute. German Journal of Air and Space Law 335. pp. 12

encuentran: **i)** un láser vaporizador o redireccionador, el cual pretende desintegrar los desechos espaciales de manera tal que desaparezcan del espacio ultraterrestre o redireccionarlos para que eventualmente ingresen a la atmósfera y se desintegren o ingresen a la Tierra. Esta solución tiene bastantes críticas porque el redireccionamiento de los desechos hacia la Tierra puede ocasionar futuros choques con objetos u otros desechos especiales produciendo mayor basura espacial; **ii)** crear un cinturón de desechos que orbiten alrededor de un objeto especial, buscando así que futuros desechos no ocasionen daños a los satélites o naves especiales, puesto que al acercase integrarán el cinturón ya conformado por basura espacial, disminuyendo el riesgo de causar daños en la carga útil del objeto sobre el cual orbitan. En cuanto a esta solución, los científicos se encuentran escépticos a poder lograr que desechos especiales orbiten alrededor de un objeto creando un cinturón protector, puesto que la tecnología para generar las fuerzas gravitacionales que permitan que el objeto especial atraiga a los desechos no se encuentra desarrollada a profundidad; **iii)** poner escudos protectores a las naves o satélite para que restringir o reducir el eventual daño que puede producir un desecho especial sobre la superficie del objeto. Esta posibilidad resulta ser muy costosa dado que el escudo protector del satélite hace que el objeto especial sea más pesado y por tanto requiera más energía para poder ser colocado en órbita, incrementando así los costos de producción y colocación; **iv)** el sistema de captura mediante una red, pretende poner una nave espacial que a través de su desplazamiento vaya aprehendiendo desechos especiales en una malla, de manera tal que los desechos se queden atrapados en la red y no generen eventuales daños a objetos especiales o colisionen con otros desechos. En la actualidad este sistema está siendo construido y probado por la Universidad de Colorado en Estados Unidos la cual tiene como objetivo capturar desechos hasta que 30 cm de diámetro[36]; **v)** el sistema de el reingreso de satélites y naves espaciales a la Tierra: dicho sistema tiene como fin ingresar dichos objetos de mantera controlada cuando éstos ya han cumplido su misión en el espacio ultraterrestre. En efecto, cuando los objetos en LEO están cercanos a agotar su vida útil, éstos deben ser programados para reingresar a la Tierra y no generar futura basura espacial. En los satélites que tengan poca capacidad de ser maniobrados y en vista de la incertidumbre del tiempo exacto de reingreso como también el lugar donde impactarán en la Tierra, se ha planteado la posibilidad de un reingreso que se calcule caiga sobre el océano, y en la mayoría de veces su impacto será menor debido a que el satélite se quemará en gran parte al ingresar a la atmósfera[37]; **vi)** el sistema reductor de velocidad por medio de una bola de espuma, consiste en una plataforma capaz de lanzar una bola de espuma alrededor de un desecho específico, de tal forma que incremente su radio área-a-masa y la resistencia atmosférica ejerza una influencia significativa que desacelere el desecho logrando que el éste que, en un principio orbitaría por cientos de años alrededor de la Tierra, logre reducir su velocidad y finalmente ingrese a la atmósfera[38]. Este sistema de limpieza especial tiene como objetivo ubicarse debajo de los 2000 km (órbita LEO) de altura desde la Tierra puesto que allí es donde hay más densidad de desechos. Este modelo trabaja bajo la estrategia "uno para

---

[36] Nicholas Zinner, Austin Williamson, Kristen Brenner, John Benjamin Curran, Ahna Isaak, Matthew Knoch, Adam Leppek, Jenae Lestishen. Junk Hunter: Autonomous Rendezvous, Capture, and De-Orbit of Orbital Debris. Revolutionary Aerospace Systems Concepts Academic Linkage (RASC-AL) Conference May 27, 2011. On the theme of Orbital Debris Mitigation Approaches.

[37] Diederiks-verschoor, I.H. y Kopal, V. (2008) An Introduction to Space Law. Kluwer Law International. The Netherlands. Third Revised Edition. pp.130

[38] M. Andrenucci, P. Pergola, A. Ruggiero. European Space Agency. Active Removal of Space Debris, Expanding foam application for active debris removal. Final Report. February 2th 2011 "*The core idea is to develop a platform able to realize a foam ball around a target debris that enlarges its area-to-mass ratio such that the atmospheric drag can exert a significant influence to decelerate the debris. In this way, debris that would have orbited for hundreds of years, will re-entry in a prescribed time*". pp. 10

muchos"[39], lo cual quiere decir que este sistema es capaz de encontrar de manera autónoma un desecho específico y removerlo pudiendo ser de un solo tipo o tamaño de desecho o varios tipos y tamaños[40]. De igual forma, este sistema tiene grandes ventajas: (a) no requiere un mecanismo de acoplamiento una vez esté en el espacio ultraterrestre, así todos los problemas tecnológicos y los riesgos potencialmente relacionados con funcionamiento del sistema no resultan ser una preocupación puesto que al ser una esfera de espuma que no necesita piezas u objetos que encajen perfectamente. (b) La estructura de espuma es más sólida y resistente que otras estructuras como lo son el sistema de captura mediante red. (c) El cambio de velocidad está dado solo por la fuerza de arrastre, lo cual hace que se desacelere el desecho especial hasta que se quema por completo en la atmósfera. (d) La estructura de espuma está, en principio, diseñada para desacelerar desechos específicos que amenacen de forma latente a otros desechos espaciales en la órbita LEO; y por último **vii)** el sistema satélite aspiradora, el cual ha sido propuesto por los el Centro Suizo del Espacio y desarrollado por la Universidad de Lausanne, sería un satélite que a medida que recorrer su órbita actúe como una "aspiradora espacial" limpiando el espacio ultraterrestre de desechos.

[39] Bajo esta estrategia también se encuentra el sistema de captura mediante red.

[40] Op. Cit. M. Andrenucci, P. Pergola, A. Ruggiero. "One-to-many: the chosen strategy is autonomously capable to target and remove several debris. These could be of just one kind or of multiple kinds and sizes." pp. 11

-No puedes convencer a un creyente de nada porque sus creencias no están basadas en evidencia, están basadas en una enraizada necesidad de creer-

Carl Sagan

CAPÍTULO III
EL DERECHO FRENTE AL PROBLEMA DE LOS DESECHOS ESPACIALES

1. DESECHOS ESPACIALES Y EL TRATADO SOBRE LOS PRINCIPIOS QUE DEBEN REGIR LAS ACTIVIDADES DE LOS ESTADOS EN LA EXPLORACIÓN Y UTILIZACIÓN DEL ESPACIO ULTRATERRESTRE, INCLUSO LA LUNA Y OTROS CUERPOS CELESTES

Debido a que las actividades espaciales empezaron a jugar un papel tan importante en la sociedad y dándose cuenta que el ejercicio de ésta resultaba riesgoso, los Estados, por medio de las Naciones Unidas, deciden crear una serie de tratados (Tratado del Espacio, Convenio sobre la Responsabilidad y Convenio de Registro) los cuales establezcan principios fundamentales para el ejercicio de la actividad espacial como también para reglamentar la materia en caso de presentarse un daño. Por tal razón, se expondrá cuál sería el tratamiento de los desechos espaciales a la luz de la responsabilidad en el Derecho del Espacio Ultraterrestre e Internacional y se sugerirá una posible solución (legislación) frente al tema, indicando la necesidad de normas internacionales frente a los desechos espaciales.

Los Estados reconociendo el interés general de toda la humanidad en el proceso de la exploración y utilización del espacio ultraterrestre, como también inspirados en las grandes perspectivas que se ofrecen a la humanidad como consecuencia del hombre en el espacio ultraterrestre, la comunidad internacional reunida a través de las Naciones Unidas, celebró el Tratado del Espacio. En este Tratado el Artículo IX establece que "*En la exploración y utilización del espacio ultraterrestre, incluso la Luna y otros cuerpos celestes, los Estados Partes en el Tratado deberán guiarse por el principio de la cooperación y la asistencia mutua, y en todas sus actividades en el espacio ultraterrestre, (...)*". Asimismo, los Estados Partes del tratado "*harán los estudios e investigaciones del espacio ultraterrestre, incluso la Luna y otros cuerpos celestes, y procederán a su exploración de tal forma que no se produzca una contaminación nociva ni cambios desfavorables en el medio ambiente de la Tierra como consecuencia de la introducción en él de materias extraterrestres, y cuando sea necesario adoptarán las medidas pertinentes a tal efecto*" (resaltado fuera del texto original) y que si un Estado "*tiene motivos para creer que una actividad o un experimento en el espacio ultraterrestre, (...) proyectado por él o por sus nacionales, crearía un obstáculo capaz de perjudicar las actividades de otros Estados Partes en el Tratado en la exploración y utilización del espacio ultraterrestre con fines pacíficos, (...) deberá celebrar las consultas internacionales oportunas antes de iniciar esa actividad o ese experimento*" (resaltado fuera del texto original). Igualmente, en los Artículo VI y VII se estableció que "*los Estados Partes en el Tratado serán responsables internacionalmente de las actividades nacionales que realicen en el espacio ultraterrestre,*" y que "*todo Estado Parte que lance o promueva el lanzamiento de un objeto al espacio ultraterrestre (...) o desde cuyo territorio o cuyas instalaciones se lance un objeto, será responsable internacionalmente de los daños causados a otro Estado Parte en el Tratado o a sus personas naturales o jurídicas por dicho objeto o sus partes componentes en la Tierra, en el espacio aéreo o en el espacio ultraterrestre, incluso la Luna y otros cuerpos celestes*" (resaltado fuera del texto original).

Teniendo en cuenta lo anterior, por ser el primer tratado relacionado con actividades especiales, estaba destinado a proporcionar parámetros generales y principios fundamentales que se esperaba fueran posteriormente desarrollados, de manera específica, por medio de otros tratados. No obstante, la vaga terminología del Artículo IX demuestra la falta de avances tecnológicos y habilidades frente a la materia para ese entonces, puesto que era imposible preveer la contaminación o polución del espacio ultraterrestres y la posibilidad de que aquella contaminación interfiriera con la actividad espacial de los Estados. De esta manera, el Tratado del Espacio no definió que se debía entender por "*objeto espacial*"[41] como tampoco definió qué significaba "*contaminación nociva*" o qué se debían entender por "*los Estados, cuando sea necesario, adoptarán las medidas pertinentes"*. Igualmente, tampoco estableció un parámetro para determinar cuál debía ser la interpretación de "*obstáculo capaz de perjudicar*" ni los límites en las actividades o experimentos desarrollados en el espacio ultraterrestre.

A la par, en el Tratado del Espacio el Artículo VI establece que "*los Estados Partes en el Tratado serán responsables internacionalmente de las actividades nacionales que realicen en el espacio ultraterrestre*", como también el Artículo VII establece que cada "*Estado Parte en el Tratado que*

[41] No se debe confundir *objetos espaciales* con *desechos espaciales* puesto que el primero, resulta ser un bien mueble registrable el cual tiene un uso específico en relación con la actividad espacial que desempeña, por ejemplo, un satélite o un cohete. Mientras que el segundo "*son todos los objetos no funcionales hechos por el hombre, incluidos los mismos fragmentos y elementos, que orbiten alrededor de la Tierra o ingresen a la atmósfera*" de acuerdo con el Lineamiento para la Mitigación de Desechos Espaciales de la UNCOPOUS.

lance o promueva el lanzamiento de un objeto al espacio ultraterrestre, incluso la Luna y otros cuerpos celestes, y todo Estado Parte en el Tratado, desde cuyo territorio o cuyas instalaciones se lance un objeto, será responsable internacionalmente de los daños causados a otro Estado Parte en el Tratado o a sus personas naturales o jurídicas por dicho objeto o sus partes componentes en la Tierra, en el espacio aéreo o en el espacio ultraterrestre, incluso la Luna y otros cuerpos celestes". Así, éste artículo también extiende la responsabilidad a los nacionales que realicen actividades en el espacio ultraterrestre, la Luna y otros cuerpos celestes pero no se establece bajo qué términos jurídicos el Estado será responsable.

Desde los artículos planteados anteriormente, se evidencia que si bien no se habla específicamente del problema de los desechos espaciales, estos artículos proveen unos lineamientos para determinar de qué modo los desechos espaciales y la responsabilidad derivada de éstos por los daños pueda ser regulada. Sin embargo, no existe una definición exacta de "objeto espacial o las partes que lo componen", por lo que resulta incierto si los desechos espaciales podrían ser interpretados bajo esta legislación[42]. Más aún, tampoco hay certeza sobre si por el término "objeto espacial", el daño causado por un desecho espacial puede ser atribuido a la responsabilidad de un Estado o si las actividades generadas por organizaciones espaciales no gubernamentales o agencias espaciales privadas estén de acuerdo con el concepto vago y general de lo establecido por el Artículo VI. Aún más, en dicho Tratado no se determinó el tipo de responsabilidad jurídica que le sería atribuido a los Estados. Por tanto, a la luz de éste Tratado la normatividad no es suficiente para abarcar los desechos espaciales y resulta necesario una

[42]Jasentuliyana, Nandasari. (1998) Space Debris and International Law. 29 Journal of Space Law V. 139. pp.142

regulación de específica sobre la materia.

-He visto caer estrellas y, a pesar de su descenso, no falta ninguna de ellas del brillante firmamento-

Alfred Edward Housman

2. CONVENIO SOBRE EL REGISTRO DE OBJETOS LANZADOS AL ESPACIO ULTRATERRESTRE

El segundo tratado que tiene estrecha relación con los desechos espaciales es el Convenio sobre el registro de objetos lanzados al espacio ultraterrestre (también conocido como Convenio de Registro), aprobado por la Asamblea General en su resolución 3235 (XXIX), el 12 de noviembre de 1974, en el cual se instaura el deseo de establecer un registro central de los objetos lanzados al espacio ultraterrestre con carácter obligatorio, como también con el interés de suministrar a los Estados Partes medios y procedimientos adicionales para ayudar a la identificación de los objetivos espaciales, convencidos de que un sistema obligatorio de registro de los objetos lanzados al espacio ultraterrestre ayudaría a su identificación y contribuiría a la aplicación y el desarrollo del Derecho Internacional que rige la exploración y utilización del espacio ultraterrestre[43].

Si bien es cierto que el Convenio sobre la responsabilidad internacional por daños causados por objetos espaciales (más conocido como Convenio sobre la Responsabilidad) fue primero que el Convenio de Registro, es importante primero explicar éste último convenio en aras de entender más fácilmente la responsabilidad causada por objetos espaciales y las dificultades que se

[43] Preámbulo del Convenio sobre el registro de objetos lanzados al espacio ultraterrestre.

generan al aplicarla a los desechos espaciales. Así, el Convenio de Registro se creó en armonía con el Tratado del Espacio y el Convenio sobre Responsabilidad para resolver el problema de la identificación de los objetos en el espacio ultraterrestre derivados de las actividades de los seres humanos.

En efecto, en el Convenio de Registro adopta la definición de "Estado de lanzamiento"[44], como también lo que ha de entenderse como "objeto espacial" el cual incluyen vehículo propulsor y sus partes tal y como se encuentra definido por el Convenio sobre Responsabilidad. El Convenio de Registro estableció el término Estado de registro, el cual se debe entender como: un Estado de lanzamiento en cuyo registro se inscriba un objeto espacial de conformidad con el artículo II, es decir, que todo Estado que lance un objeto al espacio ultraterrestre debe llevar un registro nacional sobre éste, y debe notificar al Secretario General de las Naciones Unidas dicho registro. Además, el mismo artículo expone que cuando haya dos o más Estados de lanzamiento, entre ellos deben decidir cuál de los dos llevará el registro del objeto espacial. El registro debe contener: i) nombre del Estado o de los Estados de lanzamiento; ii) una designación apropiada del objeto espacial o su número de registro; iii) fecha y territorio o lugar de lanzamiento; iv) Parámetros orbitales básicos, y v) función general del objeto espacial[45]. Todo lo anterior con el fin de que la información sea pública para todos los Estados partes del tratado y que en caso de generarse un daño por un objeto espacial el Estado responsable sea identificable para el Estado al que se le causó el perjuicio y pueda iniciar tan pronto como le sea posible una

[44] Artículo I a) Se entenderá por "Estado de lanzamiento": i) Un Estado que lance o promueva el lanzamiento de un objeto espacial; ii) Un Estado desde cuyo territorio o desde cuyas instalaciones se lance un objeto espacial.

[45] Artículo IV del Convenio sobre registro.

reclamación[46]. De igual forma, el Convenio de Registro obliga al Estado de lanzamiento a que registre dichos objetos ante la Secretaría General de la Naciones Unidas en cuanto sea factible la información sobre cada objeto espacial que haya han sido lanzado (Artículo IV)[47]. Desafortunadamente, la forma en que fue redactado el Artículo IV hace que la información que tenga que proveer el Estado de registro sea limitada (no suficiente) y además se presente ambigüedad interpretativa cuando se afirma que "*todo Estado de registro proporcionará al Secretario General de las Naciones Unidas, <u>en cuanto sea factible</u>, [...] información sobre cada objeto espacial*" [48] (resaltado fuera del texto original). Esta cuestión, a hecho que el Convenio de Registro no haya sido seriamente usado como una herramienta para mantener el registro de objetos espaciales pues muchos Estados omiten información al considerar que no es "factible" suministrarla[49]. Adicionalmente, la forma en

---

[46] Manrique, Ana María. Escalante, Morales. (2012) Responsabilidad Internacional por Daños Causados por Objetos Espaciales. Tesis no publicada. Universidad de los Andes, Bogotá, Colombia. pp.38

[47] Artículo IV 1. Todo Estado de registro proporcionará al Secretario General de las Naciones Unidas, en cuanto sea factible, la siguiente información sobre cada objeto espacial inscrito en su registro :a) Nombre del Estado o de los Estados de lanzamiento; b) Una designación apropiada del objeto espacial o su número de registro; c) Fecha y territorio o lugar del lanzamiento; d) Parámetros orbitales básicos, incluso: i) Período nodal; ii) Inclinación; iii) Apogeo; iv) Perigeo. e) Función general del objeto espacial. 2. Todo Estado de registro podrá proporcionar de tiempo en tiempo al Secretario General de las Naciones Unidas información adicional relativa a un objeto espacial inscrito en su registro. 3. Todo Estado de registro notificará al Secretario General de las Naciones Unidas, en la mayor medida posible y en cuanto sea factible, acerca de los objetos espaciales respecto de los cuales haya transmitido información previamente y que hayan estado pero que ya no estén en órbita terrestre.

[48] Artículo IV 1. Todo Estado de registro proporcionará al Secretario General de las Naciones Unidas, *<u>en cuanto sea factible</u>*, la siguiente información sobre cada objeto espacial inscrito en su registro: a) Nombre del Estado o de los Estados de lanzamiento; b) Una designación apropiada del objeto espacial o su número de registro; c) Fecha y territorio o lugar del lanzamiento; d) Parámetros orbitales básicos, incluso: i) Período nodal; ii) Inclinación; iii) Apogeo; iv) Perigeo. e) Función general del objeto espacial. 2. Todo Estado de registro podrá proporcionar de tiempo en tiempo al Secretario General de las Naciones Unidas información adicional relativa a un objeto espacial inscrito en su registro. 3. Todo Estado de registro notificará al Secretario General de las Naciones Unidas, en la mayor medida posible y en cuanto sea factible, acerca de los objetos espaciales respecto de los cuales haya transmitido información previamente y que hayan estado pero que ya no estén en órbita terrestre. (resaltado fuera del texto original)

[49] En muchas ocasiones los Estados no suministran suficiente información sobre el objeto espacial que será lanzando al espacio ultraterrestre porque no quieren revelar la finalidad del satélite. Esto

la que el Convenio fue redactado no permite tener una clara interpretación sobre si solo los satélites activos son los que deben estar registrados o si se debe proporcionar información adicional en relación a los satélites inactivos, el fallo de misiones, los objetos espaciales que se han desprendido del satélite –desechos espaciales- y de más ocurrencias que hayan podido suceder en misiones espaciales. A la hora de establecer la responsabilidad, este tipo de información resulta de vital importancia para identificar el Estado responsable del daño ocasionado por el desecho espacial y que sea posible iniciar por parte del Estado al que se le causó un perjuicio las reclamaciones pertinentes. No obstante, en materia de desechos espaciales resultará sumamente complejo identificar el Estado productor del desecho porque los desechos en su mayoría resultan irreconocibles tanto para el Estado productor del desecho como para el Estado perjudicado por el daño que éste ocasionó y por éste mismo inconveniente resulta altamente complicado iniciar una reclamación ante un Estado por los perjuicios ocasionados. La complejidad de la identificación de un desecho se puede originar por diferentes causas; i) si el daño sobreviene sobre un objeto espacial en el espacio ultraterrestre resulta demasiado complicado desplazarse hasta allí para determinar qué clase de desecho generó el daño. Asimismo, la rápida velocidad con que viajan los desechos espaciales (especialmente en LEO) incrementa las posibilidades que el desecho espacial haya perforado bien sea el satélite o nave espacial y aún así continuar orbitando haciendo imposible encontrar el desecho; ii) cuando los objetos no se desintegran al ingresar a la atmósfera y caen a la superficie de la Tierra, debido a la fricción generada por la atmósfera, los desechos cambian en muchos casos sus condiciones físicas, lo

---

se puede evidenciar más que todo en los satélites con fines militares o más conocidos como "satélites espías".

cual dificulta aún más la identificación del desecho; iii) el pequeño tamaño de los desechos puede dificultar aún más la identificación.

Otro artículo importante es el VI, el cual determinar que si un Estado Parte no logra identificar un objeto especial que ha causado daño[50] aplicando las disposiciones del presente Convenio, los otros Estados Partes, en especial aquellos que poseen instalaciones para la observación y rastreo de objetos especiales, responderán a la solicitud formulada por el Estado parte que ha sufrido el daño para ayudar a identificar el objeto. En relación a éste artículo, si bien es sabido que la buena fe es un principio internacional de derecho, puede ocurrir que un Estado que posee instalaciones de observación y rastreo, por interés políticos, no quieran colaborar con el Estado víctima del daño. Además, aunque el Tratado del Espacio, el Convenio sobre Responsabilidad y el Convenio de registro fomentan la cooperación internacional, puede ocurrir que ésta no suceda y por tanto el Estado que ha sufrido el daño no logre identificar el objeto que lo originó.

Otro punto débil de este tratado fue el Artículo VII el cual establece que el Convenio de Registro aplicará a las Organizaciones Internacionales Gubernamentales que realicen actividades espaciales siempre y cuando la Organización acepte las obligaciones y derechos relacionadas con el Convenio de Registro y asimismo que la mayoría de Estados miembros de la Organización sean Estados parte en el Convenio de Registro y el Tratado del Espacio. Ésta condición hace que el registro de objetos espaciales ante las Naciones Unidas no pueda ser completado porque algunos Estados son miembros de organizaciones de lanzamiento intergubernamentales pero no

[50] El daño puedo haber sido ocasionado al Estado o alguna de sus personas físicas o morales o simplemente el objeto especial puede ser de carácter peligroso o nocivo.

son parte del Convenio de Registro, con fortuna dicho Estados no contribuyen a la gran mayoría. Otro punto a tener en cuenta es que el Convenio no previó la admisión de compañías privadas tales como INTELSAT[51].

Para la década de 1990, el registro de objetos espaciales decreció de manera sustancial[52], alarmando profundamente a las Naciones Unidas y haciendo que la UNCOPUOS implementando el Artículo X[53] del Convenio de Registro y bajo la dirección del Comité Jurídico creara la Resolución 59/115 de 2004 sobre la aplicación del Estado de lanzamiento, en la cual recomienda que los Estados que realizan actividades espaciales, en cumplimiento de los derechos y obligaciones internacionales que les concierne en virtud del Tratados del Espacio, Convenio sobre Responsabilidad y Convenio de Registro promuevan en la legislación nacional la supervisión continua de las

[51] Benkö, Marietta and Kai-Uwe Schrogl. (2005) Essential Air and Space Law Two. Eleven International Publishing. pp.36

[52] Años   Número de objetos espaciales

	Lanzamientos	Registro	Porcentaje
1976-1980	587	582	99 %
1981-1985	780	756	97 %
1986-1990	707	671	95 %
1991-1995	593	542	91 %
1996-2000	657	511	78 %
2001-2003	269	201	75 %

[53] Artículo X Diez años después de la entrada en vigor del presente Convenio, se incluirá en el programa provisional de la Asamblea General de las Naciones Unidas la cuestión de un nuevo examen del Convenio, a fin de estudiar, habida cuenta de la anterior aplicación del Convenio, si es necesario revisarlo. No obstante, en cualquier momento una vez que el Convenio lleve cinco años en vigor, a petición de un tercio de los Estados Partes en el Convenio y con el sentimiento de la mayoría de ellos, habrá de reunirse una conferencia de los Estados Partes con miras a reexaminar este Convenio. Este nuevo examen tendrá en cuenta, en particular, todos los adelantos tecnológicos pertinentes, incluidos los relativos a la identificación de los objetos espaciales.

actividades que llevan a cabo las entidades no gubernamentales que se encuentran bajo su jurisdicción, como también que se fomenten los acuerdos de lanzamiento conjuntos entre la empresa privada nacional y el Estado[54]. Posteriormente, en el 2005 el UNCOPUOS, con la ayuda del Comité Jurídico y Comité Técnico y Científico, se dispuso a la tarea de estudiar una nueva serie de recomendaciones para que los Estados y organizaciones internacionales registraran los objetos espaciales puesto que si bien el Convenio de Registro goza de aceptación universal en la comunidad internacional, con el paso del tiempo el UNCOPUOS seguía notando la situación alarmante en relación a la rápida disminución de objetos registrados. Así, en el 2007, el Comité Jurídico a través de análisis hechos sobre el registro de objetos, adoptó por consenso el borrador de la resolución sobre la práctica de los Estados y organizaciones internacional en relación al registro de objetos espaciales, la cual sería adoptada por consenso por la Asamblea General de la Naciones Unidas el 17 de diciembre de 2007 por medio de la Resolución 62/101 titulada "Recomendaciones para Mejorar las Prácticas de los Estados y Organizaciones Internacionales en el Registro de Objetos Espaciales"[55]. En ella, se recomienda a los Estados aumentar los registros de objetos especiales de las organizaciones intergubernamentales internacionales según el Artículo III del Convenio de Registro como también invita a las legislaciones que no han adoptado el Convenio sobre el Registro que lo hagan; que los Estados mejoren sus procedimientos para el reconocimiento de objetos especiales tal como consta en el Artículo VI del Convenio de Registro; que los Estados Partes en el Convenio sobre el Registro y las organizaciones gubernamentales internacionales que lleven a cabo actividades espaciales, una vez hayan adoptado los derechos y

---

[54] Documentos Oficiales de la Asamblea General, quincuagésimo cuarto período de sesiones, Suplemento Nº 20 y corrección (A/54/20 y Corr.1)

[55] Op. cit. Benkö, Marietta and Dr. Kai-Uwe Schrogl. pp.7

obligaciones en virtud del Convenio han de proporcionar toda la información, establecer un registro apropiado y notificarlo al Secretario General de las Naciones Unidas; que aquellas organizaciones gubernamentales internacionales que no hayan aceptado los derechos y obligaciones del Convenio de Responsabilidad inicien a hacerlo de conformidad con el Artículo VII; que se estudie la posibilidad de lograr la uniformidad en el tipo de información que se suministra al Secretario General de las Naciones Unidas a la hora de registrar un objeto espacial, entre otras recomendaciones.

No obstante, aún así todas estas recomendación aprobadas por Naciones Unidas, el uso de las mismas no ha sido el esperado y como se puede evidenciar, el Estado de registro es fundamental para la seguridad y manejo del tráfico especial pues constituye una medida de "construcción de confianza" en relación a aspectos de seguridad nacional como internacional el que demuestra la transparencia y honestidad hacia la comunidad internacional[56]. De igual forma, constituye un elemento primordial para determinar la responsabilidad dentro del Convenio sobre Responsabilidad y Convenio de Registro, sin embargo las normas contenidas en los tratados no resultan proveer información suficientes para solucionar eventuales daños causados por desechos espaciales, debido a la falta de precisión en los términos y soluciones efectivas para indemnizar los perjuicios.

---

[56] Benko, Marietta. Essential Air and Space Law. Eleven International Publishing Ibíd. pp.8

-A quien mucho se le hubiere dado, mucho se le reclamará- **San Mateo**

3. DESECHOS ESPACIALES Y EL CONVENIO SOBRE LA RESPONSABILIDAD INTERNACIONAL POR DAÑOS CAUSADOS POR OBJETOS ESPACIALES

Por otro lado, en el Convenio sobre la Responsabilidad los Estados reconocieron la necesidad de elaborar normas y procedimientos internacionales eficaces sobre la responsabilidad por daños causados por objetos espaciales y en particular de "*asegurar el pago rápido (...) de una indemnización plena y equitativa a las víctimas de tales daños*[57]" e instauró una reglamentación más específica definiendo conceptos que están establecidos en el Tratado del Espacio, tales como daño[58], lanzamiento[59], estado de lanzamiento[60], objeto espacial[61] y régimen de responsabilidad[62]. El enfoque que tuvo el Convenio sobre Responsabilidad fue crear reglas y procedimientos para las actividades realizadas en el espacio ultraterrestre por los Estados miembro en caso que ocurriera un daño ocasionando la pérdida de vidas humanas, lesiones corporales u otros perjuicios a la salud (lesiones físicas o morales) pérdida de bienes, perjuicios causados a bienes de Estados

[57] Preámbulo del Convenio sobre la responsabilidad internacional por daños causados por objetos espaciales, aprobado por la Asamblea General en su Resolución 2777 (XXVI) el 29 de noviembre de 1971 "Reconociendo la necesidad de elaborar normas y procedimientos internacionales eficaces sobre la responsabilidad por daños causados por objetos espaciales y, en particular, de asegurar el pago rápido, con arreglo a lo dispuesto en el presente Convenio, de una indemnización plena y equitativa a las víctimas de tales daños".

[58] Artículo I literal a) Se entenderá por "daño" la pérdida de vidas humanas, las lesiones corporales u otros perjuicios a la salud, así como la pérdida de bienes o los perjuicios causados a bienes de Estados o de personas físicas o morales, o de organizaciones internacionales intergubernamentales.

[59] Artículo I literal b) El término "lanzamiento" denotará también todo intento de lanzamiento.

[60] Artículo I literal c) Se entenderá por "Estado de lanzamiento": i) Un Estado que lance o promueva el lanzamiento de un objeto espacial; ii) Un Estado desde cuyo territorio o desde cuyas instalaciones se lance un objeto espacial.

[61] Artículo I literal d) El término "objeto espacial" denotará también las partes componentes de un objeto espacial, así como el vehículo propulsor y sus partes.

[62] Artículo II y III.

u organizaciones internacionales o intergubernamentales[63]. Sin embargo, no es posible hablar de los desechos espaciales y la responsabilidad aplicable a éstos, sin antes hablar de la responsabilidad en general y la responsabilidad internacional.

3.1 RESPONSABILIDAD CIVIL

Así, el Derecho del Espacio Ultraterrestre, a pesar de ser una rama con diferentes exigencias a las demás, establece que los elementos esenciales para que haya lugar a responsabilidad son: el hecho generador, el daño y el nexo causal entre ambos. Igualmente, la categoría de responsabilidad que surge bajo este régimen es el de la responsabilidad extracontractual, en cuanto no existe un vínculo previo entre la víctima y el autor del daño. Adicionalmente, los tipos de atribución de responsabilidad aplicables son el objetivo y el subjetivo, pero cada uno de ellos es aplicable dependiendo las circunstancias en las cuales se haya generado el daño. En el sistema de responsabilidad subjetivo, el Estado que reclame la responsabilidad de otro por sus actividades espaciales tiene la carga de la prueba, es decir que está en la obligación de probar como mínimo que el Estado demandado ha actuado negligentemente, esto favorece al Estado que generó el daño puesto que la carga de la prueba está en cabeza del afectado al cual le quedaría supremamente complejo probar la culpa del otro Estado[64]. Por otro lado, en el

---

[63] Artículo I "A los efectos del presente Convenio: a) Se entenderá por "daño" la pérdida de vidas humanas, las lesiones corporales u otros perjuicios a la salud, así como la pérdida de bienes o los perjuicios causados a bienes de Estados o de personas físicas o morales, o de organizaciones internacionales intergubernamentales; b) El término "lanzamiento" denotará también todo intento de lanzamiento; c) Se entenderá por "Estado de lanzamiento": i) Un Estado que lance o promueva el lanzamiento de un objeto espacial; ii) Un Estado desde cuyo territorio o desde cuyas instalaciones se lance un objeto espacial; d) El término "objeto espacial" denotará también las partes componentes de un objeto espacial, así como el vehículo propulsor y sus partes."

[64] Dembling. Establishing Liability for Outer Space Activities. En: Space Law perspectives. Schwartz. pp. 229. *"sí la víctima de un accidente espacial tuviera que probar culpa o negligencia, sus posibilidades reales de obtener compensación por los daños sufridos serían virtualmente inexistentes."*

sistema de la responsabilidad objetiva o absoluta, como es comúnmente conocido en otras legislaciones, la víctima no tiene que probar culpa o negligencia por parte del Estado cuyo objeto espacial causó el daño, por lo que solo sería necesario establecer una relación de causalidad entre el objeto espacial y el daño producido por éste. En cuanto al Derecho del Espacio Ultraterrestre, el tipo de responsabilidad que éste utiliza es un sistema de responsabilidad dual, *"según el cual el régimen de responsabilidad por daños causados por un objeto espacial o sus partes componentes se determina en la aplicación del principio de la responsabilidad absoluta en ciertos casos, y el principio de la responsabilidad por culpa, en otros"*[65].

3.2 RESPONSABILIDAD INTERNACIONAL

Por otro lado, el Derecho del Espacio Ultraterrestre es una rama autónoma del Derecho Internacional, la cual establece que los Estados, son los protagonistas del Derecho Internacional y por tanto son sujetos de derechos y obligaciones bajo el principio fundamental de soberanía[66]. Es de anotar que el Derecho Espacial se complementa por mandato del Tratado del Espacio y forma parte de él igualmente el Derecho Internacional y las reglamentaciones de las Naciones unidas[67]. En efecto, es importante tener en cuenta que para que haya lugar a la responsabilidad internacional es necesario que se haya quebrantado una norma de Derecho Internacional y así quedó consignado cuando las Naciones Unidas aprobó el Tratado sobre los principios que deben regir las actividades de los Estados en la Exploración y utilización del

[65]Marchán, Jaime. (1987) Derecho Internacional del Espacio. Banco Central del Ecuador. pp. 588.
[66] Brotóns, Ramiro. (2007) Derecho Internacional. McGrew-Hill. pp. 41
[67] Tratado del Espacio Artículo III "Los Estados Partes en el Tratado deberán realizar sus actividades de exploración y utilización del espacio ultraterrestre, incluso la Luna y otros cuerpos celestes, de conformidad con el derecho internacional, incluida la Carta de las Naciones Unidas, en interés del mantenimiento de la paz y la seguridad internacionales y del fomento de la cooperación y la comprensión internacionales"

Espacio Ultraterrestre, incluso la Luna y otros cuerpos celestes (más conocido como el Tratado del Espacio o Magna Carta del Espacio) el 19 de diciembre de 1966 aprobado por la Asamblea General por medio de la Resolución 2222 (XXI) en 1967, en el cual se declaró que los Estados realizarían actividades de exploración y uso del espacio ultraterrestre y también de todos los cuerpos celestes "*de acuerdo con el derecho internacional, incluida la Carta de las Naciones Unidas*"[68]

3.3 RESPONSABILIDAD ESPACIAL

Si bien la actividad especial trae a la humanidad un sinfín de beneficios, no puede ignorarse el hecho que las actividades en el espacio ultraterrestre ponen en peligro a muchos individuos y Estados, además de los que se arriesgan directamente a sufrir daños o pérdidas por la participación en las actividades espaciales. No en vano "*los experimentos peligrosos desarrollados en el espacio ultraterrestre pueden afectar incluso a toda la humanidad, cambiar el medio ambiente de la Tierra, contaminar la atmósfera y producir efectos incalculables sobre la vida*"[69]. También existen otros peligros como: "*los vehículos espaciales o partes de los cohetes que pueden estrellarse en la Tierra y causar graves daños a la vida y a la propiedad, también pueden chocar con aviones u otros objetos voladores*"[70] *o* producir interferencia entre los satélites. En razón a esto, el Derecho Espacial además de regir los derechos y las obligaciones de los Estados en esta materia, debió extenderse también al ámbito de la responsabilidad, por lo

---

[68]Artículo III del Tratado de los principios que deben regir las actividades de los Estados en la exploración y uso del espacio Ultraterrestre, incluida la Luna y otros cuerpos celestes. Aprobado por la asamblea general de las Naciones Unidas el 19 de diciembre de 1966. Naciones Unidas, Oficina de Asuntos del Espacio Ultraterrestre, Tratados y Principios de las Naciones Unidas sobre el Espacio Ultraterrestre y resoluciones conexas de la Asamblea General. Nueva York, 2008.
[69]Lachs, Manfred. (1977) El Derecho del Espacio Ultraterrestre. Buenos Aires: Fondo de Cultura Económica. pp. 159
[70]Ibídem. pp.160

cual la comunidad internacional por medio de las Naciones Unidas crean el Convenio sobre la responsabilidad internacional por daños causados por objetos espaciales, aprobado por la Asamblea General en su Resolución 2777 (XXVI) el 29 de noviembre de 1971.

3.4 RESPONSABILIDAD ESPAECIAL OBJETIVA

Como se mencionó anteriormente, el Derecho Espacial tiene una responsabilidad dual y ésta se evidencia en el Convenio sobre Responsabilidad puesto que el Artículo II[71] establece el régimen de la responsabilidad objetiva cuando i) los daños se produzcan en la superficie terrestre y ii) cuando los daños son causados a una aeronave en vuelo. En este régimen *"el demandante no tiene la necesidad de probar que el daño causado por la conducta del demandado se debe a una acción u omisión dolosa o negligente por parte del mismo"*[72], cuando se aplica el principio de la responsabilidad objetiva se pretende brindar una mayor protección a las víctimas de los daños que puedan causar los objetos espaciales, en especial a los países en vía de desarrollo, puesto que éstos países tienen un papel pasivo frente a la mayoría de actividades espaciales y sin una adecuada protección jurídica se encontrarían en una posición desventajosa para asumir los daños y los costos de un accidente espacial[73]. De este modo, si ocurre un daño amparado por el artículo II del Convenio, el Estado lesionado tiene que demostrar únicamente la existencia de una relación causa efecto.

El hecho que el régimen de responsabilidad objetiva aplique a los daños causado en la Tierra por un objeto especial, tiene una doble justificación. En

[71] Un Estado de lanzamiento tendrá responsabilidad absoluta y responderá de los daños causados por un objeto espacial suyo en la superficie de la Tierra o a las aeronaves en vuelo.
[72] Gutiérrez Espada. (1979) La Responsabilidad Internacional por Daños en el Derecho del Espacio. pp. 59.
[73] Marchán. Op. cit. pp. 593.

primer lugar, se debe a que la actividad espacial es una actividad riesgosa en la que: i) el objeto espacial tiene una posición ventajosa respecto a los terceros en tierra; ii) existe en la mayoría de los casos una imposibilidad por parte de la víctima de obtener prueba de la culpa del operador espacial; iii) el uso de aparatos creadores de riesgos para los terceros genera para el operador la obligación de responder frente a las personas que nada tienen que ver con el uso de dichos aparatos.[74] En segundo lugar, nace de la necesidad de reparar el perjuicio y de concederles una pronta indemnización plena y equitativa a las víctimas de los daños[75], al ser estos terceros quienes no obtienen ningún provecho de los riesgos de la actividad espacial.

Por otro lado, si bien el Convenio sobre Responsabilidad no estableció qué tipo de relación de causalidad (nexo causal) era aplicable para poder determinar la responsabilidad, de la normativa del Convenio se desprende que al aplicarse el principio de responsabilidad objetiva, lo importarte debe ser encontrar al Estado en cuyo registro aparece el objeto causante del daño. Así, el Estado que aparece en el registro como propietario del objeto, teniendo la jurisdicción sobre éste, se denomina Estado de lanzamiento de dicho objeto, el cual ha sido definido en el literal c) del artículo I del Convenio[76] como i) un Estado que lance o promueva el lanzamiento de un objeto espacial o ii) un Estado desde cuyo territorio o desde cuyas instalaciones se lance un objeto espacial. Por lo tanto, puede decirse respecto

---

[74]Meloni, Giovanni. (1967) International Liability for Space Activity. En: Proceedings of the Tenth Colloquium on the Law of Outer Space. Belgrado. pp. 185.

[75]Preámbulo del Convenio sobre Responsabilidad por Daños Causados por Objetos Espaciales, "Reconociendo la necesidad de elaborar normas y procedimientos internacionales eficaces sobre la responsabilidad por daños causados por objetos espaciales y, en particular, de asegurar el pago rápido, con arreglo a lo dispuesto en el presente Convenio, de una indemnización plena y equitativa a las víctimas de tales daños".

[76]Artículo I literal c) "Se entenderá por 'Estado de lanzamiento': i) un Estado que lance o promueva el lanzamiento de un objeto espacial; ii) un Estado desde cuyo territorio o desde cuyas instalaciones se lance un objeto espacial."

al nexo causal que el Estado de lanzamiento del objeto causante del daño es el sujeto internacionalmente responsable de pagar la indemnización a las víctimas.

3.5 RESPONSABILIDAD ESPACIAL SUBJETIVA

El Convenio de Responsabilidad establece que cuando los daños son causados a un objeto espacial o bienes a bordo del mismo o a su tripulación, el Estado de lanzamiento que cause el daño, bien sea sobre la superficie de la tierra o en el espacio ultraterrestre, será responsable si el daño se produjo por su culpa (Artículo III)[77]. De lo anterior, se puede deducir que la responsabilidad aplicable en estos casos es la responsabilidad subjetiva, en cuanto no sólo debe probarse el daño causado y el nexo causal entre éste y su origen, sino que también debe probarse la culpa. En efecto, en caso tal que no se logre probarse la culpa, no hay obligación de reparar el perjuicio, y la carga de la prueba se encuentra en manos de quien busca ser indemnizado. Como antecedente histórico, algunos países se opusieron a lo estipulado en el Artículo III durante la negociación del mismo, pues consideraban que tratar el tema de la colisión de objetos espaciales era una cuestión precipitada. Además, algunos Estados estimaban que el Convenio debía abordar solo los daños causados a países no participantes en las actividades espaciales. No obstante, en la negociación se llegó a la conclusión que aplicar el principio de la responsabilidad absoluta en el caso de accidente entre dos objetos

---

[77]Convenio sobre la responsabilidad por daños causados por objetos espaciales. Artículo III "cuando el daño sufrido de la superficie de la Tierra por un objeto espacial de un Estado de lanzamiento, o por las personas o los bienes a bordo de dicho objeto espacial, sea causado por un objeto espacial de otro Estado de lanzamiento, este ultimo Estado será responsable únicamente cuando los daños se hayan producido por su culpa o por culpa de las personas de que sea responsable" y Artículo IV inciso 1, literal b "Si los daños han sido causados a un objeto espacial de un tercer Estado, o a las personas o los bienes a bordo de ese objeto espacial, fuera de la superficie de la Tierra, la responsabilidad ante ese tercer Estado se fundará en la culpa de cualquiera de los dos primeros Estados o en la culpa de las personas de que sea responsable cualquiera de ellos"

espaciales, llevaría al absurdo de que los Estados deberían compensarse recíprocamente por los daños que se causen entre sí: *"sí ambos Estados participan en actividades espaciales, no se da el caso de desigualdad entre las partes: no existe la víctima indefensa y sin recursos versus la potencia espacial; ambos Estados conocen la tecnología aplicable y ambos conocen y han aceptado los riesgos"*[78]. Por tanto, el Artículo III limita la aplicación del principio de responsabilidad absoluta, determinando que cuando el daño se produzca fuera de la superficie de la Tierra, al Estado autor del daño le será imputado la responsabilidad únicamente cuando el daño se haya producido por su culpa.

- *los desechos espaciales pueden causar daños. Hay que prevenirlos y hacer responsable a quien pertenezcan* - **Anónimo**

3.6 ANÁLISIS DE LA RESPONSABILIDAD ESPACIAL Y LOS DESECHOS ESPACIALES

En relación a la aplicación del Convenio de Responsabilidad y los desechos espaciales, algunos doctrinantes argumentan que el aplicar éste Convenio resultaría de gran ayuda para resolver el problema que producen los desechos espaciales cuando éstos chocan con otro objeto espacial, es decir, para determinar el tipo de responsabilidad por el daño causado por dichos

[78]Matte, Nicolas. (1979) Aerospace and Space Law. Annals of Air and Space Law. Institute and Centre of Air and Space Law, McGill University, Montreal. Vol. IV. pp. 161.

desechos sobre otros objetos espaciales[79]. Esta interpretación del Convenio se debe a que tal como lo expone el Artículo I literal d) "*el término "objeto espacial" denotará también las partes componentes de un objeto espacial, así como el vehículo propulsor y sus partes*", lo cual permite que en dicha definición los desechos espaciales encajen perfectamente por la amplitud de la misma.

Sin embargo, bajo el supuesto que los desechos espaciales pueden estar incluido en el término "objeto espacial", surgen alrededor del Convenio sobre Responsabilidad varias incógnitas tales como **i)** ***¿qué tipo de responsabilidad le es aplicable a un desecho espacial que cause daños en la superficie de la Tierra?*** Bajo el Convenio de Responsabilidad, el régimen aplicable a los desechos caídos en la superficie de la Tierra sería la responsabilidad objetiva. Sin embargo, si el desecho no resulta ser identificado bien sea por su tamaño o por el cambio físico que tuvo por la fricción al ingresar a la atmósfera, sería sumamente difícil identificar el Estado responsable del desecho (Estado responsable del daño) porque éste no resulta reconocible, y por tanto el daño causado a la superficie de la Tierra o persona perjudicada no podría ser indemnizada porque no se encuentra identificado el Estado de lanzamiento o el Estado de registro. Aquí se evidencia la actividad peligrosa que resulta el ejercicio de la actividad especial puesto i) el desecho espacial tiene una posición ventajosa respecto a los terceros en tierra; ii) existe en la mayoría de los casos una imposibilidad por parte de la víctima de obtener prueba de la culpa del operador espacial y iii) el uso de aparatos creadores de riesgos (desecho espacial) para los terceros genera para el operador la obligación de responder frente a las personas que nada tienen que ver con el uso de dichos

[79]Hobe, Stephan and May, Jan Helge. UN Space Debris Mitigation Guidelines. International Interdisciplinary Congress on Space Debris, from May 7 to 9 2009. McGill University, Institute of Air and Space Law. Montreal, Canada. pp.401

aparatos[80]. Se evidencia aquí, la necesidad dentro de la comunidad internacional de crear de una normatividad específica para los desechos espaciales y la responsabilidad derivada de los mismos; **ii)** ***¿qué tipo de responsabilidad le es aplicable a un desecho espacial que cause daños en el espacio ultraterrestre?*** Bajo el Convenio de Responsabilidad, el tipo de responsabilidad aplicable a los desechos en el espacio ultraterrestre sería la responsabilidad subjetiva. Por tanto la víctima debe probar el daño causado, el nexo causal entre éste y su origen, y adicionalmente la culpa. En caso tal que no se logre probar la culpa o no se pueda identificar el objeto que cause el daño, no hay obligación de reparar el perjuicio, ya que la carga de la prueba se encuentra en manos de quien busca ser indemnizado. Esto resultaría sumamente complejo para la víctima puesto que los desechos en muchas ocasiones, debido a su tamaño, son de difícil identificación. Aún más, probar la culpa resultaría ser una labor casi imposible pues un desecho es un objeto que se encuentra a la deriva en el espacio ultraterrestre, el cual no puede ser maniobrado y por tanto no es de claro la intencionalidad o negligencia con que actúa el Estado generador de desechos. Otro punto a tener en cuenta, es que el Convenio de Responsabilidad no se refirió a la culpa de manera directa, razón por la cual si bien el Convenio determina responsabilidad absoluta a los objetos espaciales que causen daño a otro objeto de un Estado, sus nacionales u organizaciones internacionales por medio del Artículo II, no establece cuál ha de ser el trato de la negligencia o culpa para daños causados en el espacio ultraterrestre de manera específica y concreta sino más bien interpretativa por medio del Artículo III y IV inciso 1, literal b. Un argumento en contra de esta posición resulta ser que el Derecho debe ser interpretado de manera armónica y por lo tanto al no especificarse qué tipo de responsabilidad le es aplicable de manera específica y directa,

---

[80]Meloni. Op. Cit pp. 185.

deben ser las normas generales de la Responsabilidad las que deben llenar el "vacío" legislativo del Convenio sobre Responsabilidad. Sin embargo, al no definir el Convenio de Responsabilidad la culpa en sí y tampoco definir o establecer con precisión el parámetro con el cual se debía determinar la negligencia, aún así se apliquen las normas generales de la Responsabilidad, debido a la magnitud de los desechos espaciales y el papel tan importante que juegan actualmente en el Derecho Espacial, es necesaria una normatividad específica y concreta que reglamente la responsabilidad sobre los desechos espaciales para tener claridad al respecto; **iii)** ***¿cómo se determina la identidad de los desechos espaciales?*** El Convenio sobre Responsabilidad no estipuló un mecanismo específico para determinar la identidad de los objetos espaciales y menos aún para identificar los desechos espaciales que se derivan del lanzamiento de un objeto espacial al espacio ultraterrestre. Por tal razón, resulta sumamente complicado que cuando un desecho produzca daños bien sea a una persona, la superficie de la Tierra o un objeto especial, por ejemplo un satélite, se determine de manera eficaz el responsable del daño y en particular se asegure el pago rápido y una indemnización plena y equitativa a las víctimas de tales daños por la dificultad que existe en determinar quién fue el productor del desecho espacial; no puede haber indemnización sin antes haber identificado al infractor que causó el daño[81]. Dicho Convenio opera bajo el supuesto que el "Estado de lanzamiento tendrá responsabilidad absoluta y responderá por daños causados por un objeto espacial suyo en la superficie de la Tierra o a las aeronaves en vuelo", lo cual no resulta suficiente para abordar y solucionar futuros accidentes relacionados con desechos espaciales; **iv)** El Convenio sobre Responsabilidad habla simplemente sobre daños causados a personas o bienes, pero ***¿qué ocurre con los años causado al medio ambiente o cualquier otro bien***

[81] Diederiks-verschoor, I.H. y Kopal, Op.Cit. pp. 125

común en el espacio ultraterrestre por la gran cantidad de desechos en el espacio? Dicho Convenio no hace referencia específica sobre los daños al medio ambiente y mucho menos qué tipo de responsabilidad se deriva por la ocurrencia de estos daños. Por tal razón, resulta sumamente importante que la comunidad internacional produzca una normatividad específica en relación a los desechos espaciales puesto que de no hacerlo, se estaría violando de manera directa la Tratado del Espacio[82] porque en ella se establece a través del Artículo IX que los Estados Parte del Tratado "*harán los estudios e investigaciones del espacio ultraterrestre, incluso la Luna y otros cuerpos celestes, y procederán a su exploración de tal forma que no se produzca una contaminación nociva ni cambios desfavorables en el medio ambiente de la Tierra*" (resaltado fuera del texto original) y actualmente el espacio ultraterrestre tiene una alta cantidad de desechos que han venido creciendo de manera exponencial, lo cual ha producido contaminación nociva para las actividades espaciales como también se experimentarán fenómenos desfavorables que eventualmente afectarán a la Tierra si no se toman medidas necesarias para determinar la responsabilidad por daños ocasionados por desechos espaciales y la mitigación de los mismos. A manera de ejemplo, 1978 la Unión Soviética argumentó que los daños al miedo ambiente no estaban incluidos en el Convenio de Responsabilidad cuando el satélite COSMOS 954, perteneciente a la Unión Soviética, el cual contenía un reactor nuclear con materiales altamente radioactivos (20 kgm de uranio-235), cayó en Canadá generando 50 fragmentos de desechos y más de 4.000 partículas con material radioactivo las cuales se esparcieron sobre 124.000 km2 sobre Alberta y Saskatchewan generando daños en el medio ambiente. Debido a la gravedad del problema y la urgencia en que se debía actuar para

[82] Es relevante resaltar que la Convención de Responsabilidad debe ser interpretada de manera armónica con el Tratado del Espacio tal y como se expresa en el preámbulo de la Convención sobre Responsabilidad.

solucionarlo, con la colaboración de Estados Unidos Canadá realizó labores de limpieza, más conocida como la Operación Luz de la Mañana (Operation Morning Light), logrando recuperar alrededor de 0.1% del la energía nuclear costando alrededor de 14 millones de dólares canadienses[83]. Por lo ocurrido, Canadá realizó un reclamación ante las Naciones Unidas, siendo ésta la primera exigencia y tal vez la única generada bajo el Convenio sobre la responsabilidad internacional por daños causados por objetos espaciales y bajo principios de derecho internacional hasta el momento. En dicha reclamación Canadá probó que el objeto especial fue lanzado por la Unión Soviética, no obstante la Unión Soviética refutó la reclamación hecha por Canadá argumentando que este Estado había realizado operaciones de limpieza innecesarias, no le había sido permitido ayudar a realizar la limpieza[84] y que en la definición del término "daño" el Convenio sobre Responsabilidad no había incluido daño al medio ambiente. Finalmente, en 1981 la Unión Soviética llegó a un acuerdo con Canadá pagando la suma de 3 millones de dólares canadienses en relación a la desintegración del satélite COSMOS 954.

Por otro lado, el Convenio de Responsabilidad se queda corto al tratar de abordar el gran crecimiento de la actividad espacial, puesto que la cantidad de actores dentro del espacio ultraterrestre ha venido aumentando y se hace

---

[83] Kovudhikulrungsri, Lalin y Nakseeharach, Duangden. (2011) Liability Regime of International Space Law: Some Lessons from International Nuclear Law. Leiden University. The Netherlands. pp.6 "in collaboration with the United States, Canada set the clean-up operation, Operation Morning Light which finished in October 1978 and resulted in an estimated recovery about 0.1 percent of Cosmos 954 nuclear power source.22 This operation cost approximately CAD 14 million".

[84] La URSS basándose en el Acuerdo sobre el salvamento y devolución de astronautas de 1968, el cual estipula que al Estado que ha causado los daños debe dársele la oportunidad de ayudar en la búsqueda y rescate de la operación, para así facilitar la reducción de los daños (Artículo 5 y 2 del Acuerdo). Sin embargo, Canadá se negó a recibir la ayuda de URSS. Op. Cit Diederiks-Verschoor, I. H. Philepina. pp. 42

cada vez más notoria la privatización del espacio ultraterrestre[85]. En efecto, si bien los Estados son responsables por las actividades espaciales de los particulares bajo su jurisdicción[86], la industria espacial privada ha venido incrementando sustancialmente debido a que las legislaciones nacionales han permitido que empresas privadas participen. Por ejemplo, el desarrollo del mercado de las telecomunicaciones por satélite, el novedoso turismo espacial o la minería espacial[87]. De acuerdo con la Fundación Espacial de Estados Unidos, fundación sin animo de lucro que aboga por los esfuerzos relacionados con el espacio ultraterrestre, en su Reporte Espacial del año 2016 estimó que 19 países están desarrollando o están planeando instalar puertos espaciales para lanzar vuelos orbitales y suborbitales[88].

Dichas actividades, han generado industrias nacionales y tratados comerciales entre naciones promoviendo las actividades espaciales. Sin embargo, no existe una reglamentación definitiva en la cual estas organizaciones puedan adherirse para adquirir futura responsabilidad por

---

[85] El gran desarrollo de la tecnología espacial y los grandes beneficios que se han logrado obtener dentro de la sociedad mediante ella, ha hecho que actualmente tanto el Estado como también empresas privadas realice actividades especiales. Por lo cual, ya no solo se habla de las agencias espaciales de cada Estado sino también de agencias espaciales privadas tales como *Spaceport America*, *Virgin Galactic*, *SpaceX* y privatización desde el 2001 de la *Intelsat (International Telecommunications Satellite Organization)*. Recuperado el 14 de mayo de 2012de http://space.about.com/od/privatespaceagencies/Private_and_Commercial_Space_Exploration_Agencies.htm

[86] Tratado del Espacio Artículo VI Los Estados Partes en el Tratado serán responsables internacionalmente de las actividades nacionales que realicen en el espacio ultraterrestre, incluso la Luna y otros cuerpos celestes, los organismos gubernamentales o las entidades no gubernamentales, y deberán asegurar que dichas actividades se efectúen en conformidad con las disposiciones del presente Tratado. Las actividades de las entidades no gubernamentales en el espacio ultraterrestre, incluso la Luna y otros cuerpos celestes, deberán ser autorizadas y fiscalizadas constantemente por el pertinente Estado Parte en el Tratado. Cuando se trate de actividades que realiza en el espacio ultraterrestre, incluso la Luna y otros cuerpos celestes, una organización internacional, la responsabilidad en cuanto al presente Tratado corresponderá a esa organización internacional y a los Estados Partes en el Tratado que pertenecen a ella.

[87] El gobierno de los Estados Unidos aprobó el 6 de enero de 2015 la ley titulada “”U.S. Commercial Space Launch Competitiveness Act” la cual permite la extracción de minerales en asteroides y provee la comercialización de los mismos.

[88] ABA Journal, April 2017 pp. 46

daños y futuros problemas con los desechos espaciales. Es claro que existe una vacío frente a el surgimiento de nuevos actores dentro del Derecho Espacial puesto que no fueron contemplados hace 50 años cuando el Tratado del Espacio fue redactado.

-Las teorías se pueden derrumbar, pero las buenas observaciones nunca se desvanecen- ***Harlow Shapley***

CAPÍTULO IV

1. CONCLUSIÓNES

Como ha sido ilustrado en el análisis previamente planteado, los tratados multilaterales que forman parte del núcleo de Derecho del Espacio Ultraterrestre proveen, hasta cierto punto reglas, procedimiento y mecanismos legales los cuales podrían ser usados en el futuro para solucionar los problemas generados por la proliferación de los desechos espaciales. Sin embargo, por más amplia que se interpreten las normas, desde una perspectiva crítica y contextualizada sobre la gravedad del problema, el texto de los tratados se caracteriza por la falta de términos adecuados para la regulación de desechos espaciales, como también de procedimientos y mecanismos para solucionar posibles disputas que se puedan originar por daños.

Igualmente, existen dos posiciones interpretativas frente al los Convenios analizados (Tratado del Espacio, Convenio sobre Responsabilidad y Convenio de Registro) por daños causados por objetos espaciales. La primera posición, establece que si bien los Convenios no incluyen de manera explícita los desechos espaciales dentro de su definición de "objeto espacial", éstos pueden ser incluidos y la responsabilidad que es aplicable a los objetos espaciales también puede ser aplicada a los daños que realicen los desechos espaciales. Sin embargo, desde un punto de vista crítico, el hecho que los desechos espaciales se incluyan en esta definición constituye simplemente un medio para disuadir a los Estados para que aminoren los desechos pero no soluciona el problema a profundidad porque no hay respuesta clara para solucionar un eventual problema, entre otras cosas porque técnicamente presenta una seria de dificultades que son de naturaleza evidente. En concordancia con ésta crítica, la segunda posición arguye que el término "objeto especial" no incluye los desechos espaciales dentro de los Convenios, por lo cual resulta necesario la creación de una reglamentación jurídica (tratado) en la cual se establezca un régimen específico de responsabilidad aplicable para los desechos ya que esto ayudaría a evitar futuras ambigüedades a la hora de resolver e indemnizar los daños ocasionados por los desechos espaciales. El único instrumento jurídico que podríamos encontrar en la normatividad espacial que intenta regular la materia de manera tímida es la Resolución 62/217 de 2007 del Comité de Usos Pacíficos del Espacio Ultraterrestre (ver anexo I).

Más aún, desde el punto de vista del Derecho Espacial, para haya lugar a la responsabilidad es necesario que se viole a una norma de Derecho Espacial, por lo tanto, el hecho de que no exista una norma en este ámbito que regule la materia sobre desechos espaciales, hace que no haya violación a una norma de Derecho Internacional y por lo tanto tampoco haya lugar a la responsabilidad[89]. Si bien es cierto que el Comité Técnico y Científico adoptó en el 2007, de manera consensual, parámetros para la mitigación de la

[89] Karrest, Armel. (2009) Liability for Damages Cause by Space Activities. The development of outer space: sovereignty and property rights in international space law. Santa Barbara, Praeger. pp. 108

proliferación de desechos espaciales, y que dichos parámetros fueron subsecuentemente adoptados por el comité principal de UNCOPUOS el 15 de junio de 2007, apoyado por la Asamblea General de las Naciones Unidas por consenso en la Resolución 61/111 "Cooperación Internacional en los Usos Pacíficos del Espacio Ultraterrestre" en febrero 15 de 2008, es necesario que el Comité Jurídico expida normas que sean reconocidas por la comunidad internacional por su carácter vinculante y no recomendarlo simplemente. Así lo expusieron varios países en UNCOPUOS en el informe de Subcomisión de Asuntos Jurídicos sobre su 56° periodo de sesiones celebrado en Viena del 27 de marzo al 7 de abril de 2017[90], donde algunas delegaciones Algunas delegaciones expresaron la opinión de que la Subcomisión debería intensificar su interacción con la Subcomisión de Asuntos Científicos y Técnicos con miras a promover la elaboración de normas internacionales vinculantes para abordar las cuestiones relacionadas con los desechos espaciales, teniendo en cuenta que una de las principales responsabilidades de las Naciones Unidas en el ámbito jurídico era promover el desarrollo progresivo del derecho internacional y su reglamentación, en ese caso en lo que respectaba al espacio ultraterrestre. También se expresó la opinión de que era importante establecer medidas de transparencia y fomento de la confianza en las actividades relativas al espacio ultraterrestre a la luz de la utilización cada vez mayor del espacio ultraterrestre por parte de entidades gubernamentales y no gubernamentales, teniendo en cuenta que los desechos espaciales afectarían a la utilización sostenible del espacio ultraterrestre, constituían un peligro para las actividades en el espacio ultraterrestre y podían limitar la eficacia del despliegue y la utilización de capacidades espaciales conexas.

Aún más importante, en relación con los desechos espaciales, la noción de

[90] UN DOC A/AC.105/1122

"culpa" utilizada en el Convenio sobre la Responsabilidad debía sustituirse por una noción más objetiva basada en normas aceptadas internacionalmente, y de que esos términos jurídicos podrían examinarse en relación con el tema del programa que estaba siendo objeto de examen, o bien en relación con el tema de la situación y aplicación de los cinco tratados de las Naciones Unidas relativos al espacio ultraterrestre.

No obstante, dichas observaciones hecha por el Subcomité Jurídico no resuelven la laguna jurídica que existe frente a los desechos espaciales. El Derecho Espacial Ultraterrestre debe arreglar dicha laguna y por medio de la comunidad internacional resolver el vacío con una normatividad que implemente términos adecuados, procedimientos y mecanismos tanto de mitigación de desechos como de solución de disputas que se generen por la responsabilidad por los daños ocasionados por desechos espaciales tanto en la Tierra como en el espacio ultraterrestre debido a la gran proliferación del uso del espacio por la sociedad actual. Todavía más, la regulación que surja en esta materia debe tener en cuenta para agravar la responsabilidad cuando los daños hayan sido producidos por objetos o desechos que contengan o hayan contenido carga nuclear. Sin embargo, no parecen haber luces para que dicha reglamentación se produzca todavía en un futuro cercano.

2. BIBLIOGRAFÍA

- ABA Journal, abril 2017.

- Andrenucci, M. Pergola, P. Ruggiero, A. Active Removal of Space Debris, Expanding foam application for active debris removal, Final Report. 2011.

- Baker, Howard A. Space Debris: Legal and Policy Implications. (1989) University of Colorado Law Review 55.

- Benkö, Marietta and Kai-Uwe Schrogl. (2005) Essential Air and Space Law Two. Eleven International Publishing.

- Benkö, Marietta. (2005) Space Law: Current Problems and Perspectives for Future Regulation. Utrecht, The Netherlands: Eleven International Pub.

- Benkö, Marietta and Dr. Kai-Uwe Schrogl. (2008) European Space Policy Institute. German Journal of Air and Space Law 335.

- Brotóns, Ramiro. (2007) Derecho Internacional. McGrew-Hill.

- Dembling. Establishing Liability for Outer Space Activities. En: Space Law perspectives. Schwartz.

- Diederiks-verschoor, I.H. y Kopal, V. (2008) An Introduction to Space Law. Kluwer Law International. The Netherlands. Third Revised Edition.

- Ferguson, Katty. (2000) La Medida del Universo: La Histírca Búsqueda de Maneras para Cuantificar el Espacio.. Ed. Robinbook. Barcelona, España.

- Gutiérrez Espada. (1979) La Responsabilidad Internacional por Daños en el Derecho del Espacio.

- Gangale, Thomas. (2009) The Development of Outer Space: Sovereignty and Property rights in international space law. Santa Barbara, Praeger.

- Giorgio, Abetti. (1956) Historia de la Astronomía. Fondo de Cultura Económica. México.

- Grossman, Karl.(1997) The Wrong Stuff: The Space Program's Nuclear. Common Courage Press. Atlanta Book Company. Common Courage Press. pp. 45

Loft, Kurt. Too Close for Comfort? (1999) The Tampa Tribune Press.

- Hobe, Stephan and May, Jan Helge. UN Space Debris Mitigation Guidelines. International Interdisciplinary Congress on Space Debris, from May 7 to 9 2009. McGill University, Institute of Air and Space Law. Montreal, Canada.

- Jasentuliyana, Nandasari. (1998) Space Debris and International Law. 29 Journal of Space Law V. 139.

- Johnson, Nicholas L. Stansbery, Eugene. Whitlock,David O. Abercromby, Kira J. Shoots, Debra. 2007. History of On-Orbit Satellite Fragmentations. Orbit Debris Program Office. 14th Edition. Texas, USA.

- Kovudhikulrungsri, Lalin y Nakseeharach, Duangden. (2011) Liability Regime of International Space Law: Some Lessons from International Nuclear Law. Leiden University. The Netherlands.

- Karrest, Armel. (2009) Liability for Damages Cause by Space Activities. The development of outer space: sovereignty and property rights in international space law. Santa Barbara, Praeger.

- Kessler, Donald. (1978) Collision Frequency of Artificial Satellites: The Creation of a Debris Belt. Journal of Geophysical Research. Vol. 83, No.A6.

- MacAvoy, Joseph J. (2004) Nuclear Space and the Earth Enviroment: the Benefits, Dangers and Legality of Nuclear Power and Propulsion in Outer Space. William and Mary Environmental Law and Policy Review. Vol 29.

- Marchán, Jaime. (1987) Derecho Internacional del Espacio. Banco Central del Ecuador.

- Meloni, Giovanni. (1967) International Liability for Space Activity. En: Proceedings of the Tenth Colloquium on the Law of Outer Space. Belgrado.

- Matte, Nicolas. (1979) Aerospace and Space Law. Annals of Air and Space Law. Institute and Centre of Air and Space Law, McGill University, Montreal. Vol. IV.

- Nicholas Zinner, Austin Williamson, Kristen Brenner, John Benjamin Curran, Ahna Isaak, Matthew Knoch, Adam Leppek, Jenae Lestishen. Junk Hunter: Autonomous Rendezvous, Capture, and De-Orbit of Orbital Debris. Revolutionary Aerospace Systems Concepts Academic Linkage (RASC-AL) Conference May 27, 2011. On the theme of Orbital Debris Mitigation Approaches.

- Pusey, Natalie. (2010) The Case of Preserving Nothing: The Need for a Global Response to the Space Debris Problema. Colorado Journal of International Environmental Law and Policy 425, Spring.

- Lachs, Manfred. (1977) El Derecho del Espacio Ultraterrestre. Buenos Aires: Fondo de Cultura Económica.

- Williamson, Mark. (2006) Space: The Fragile Frontier. American Institute of Aeronautics and Astronautics, pp. 32 Recuperado de la base de datos Heinonline el 12 de abril de 2012.

NORMATIVIDAD

- Interagency Report on Orbital Debris, Office of Science and Technology Policy. November 1995.

- Orbital Debris Quarterly News. Volum 12. Issue 1, January 2008.

- Tratados y Principios de las Naciones Unidas sobre el Espacio Ultraterrestre 2011.

- Investigaciones Nacionales sobre la Cuestión de los Desechos Espaciales, Seguridad de los Objetos Espaciales con Fuentes de Energía Nuclear a Bordo y Problemas Relativos a su Colisión con Desechos Espaciales. Comisión sobre la Utilización del Espacio Ultraterrestre con Fines Pacíficos Naciones Unidas. A/AC.105/931

- Spece Debris Mitigation Guidelines of the Committee on the Peaceful Uses of Outer Space. United Nations. Office for Outer Space Affairs. 2002.

- Inter-Agency Space Debris Coordination Committee Iadc Space Debris Mitigation Guidelines. IADC-02-01, Revision 1, September 2007.

- Reporte del Comité sobre la Exploración y Utilización del Espacio Ultraterrestre con Fines Pacíficos 1978-2010.

- Inter-Agency Space Debris Coordination Committee. IADC-WD-00-03, Version 4.0. Revision 8, March 12, 2010. pp.13

- UNCOPUOS Main Committee Report of June 15, 2007 as contained in UN Doc. A/62/20 (Annex) pp. 47 - 50 The Space Debris Mitigation Guidelines as adopted by the UNCOPUOS Main Committee were endorsed by the UN General Assembly without a vote in Resolution 62/217 "International Cooperation in the Peaceful Uses of Outer Space" of December 21, 2007

- UN DOC. A/AC-105/C-2/SR, par. 2 (5 de abril de 1979) UN DOC.A/AC-105/C-2/L-121)

- UN DOC. A/AC.105/C.1/L.260

PÁGINAS DE INTERNET

http://orbitaldebris.jsc.nasa.gov/library/IAR_95_Document.pdf

http://www.technologyreview.com/computing/18281/

http://orbitaldebris.jsc.nasa.gov/newsletter/pdfs/ODQNv12i1.pdf

http://www.orbitaldebris.jsc.nasa.gov/library/IAR_95_Document.pdf

http://webpages.charter.net/dkessler/files/Collision%20Frequency.pdf

http://www.oosa.unvienna.org/pdf/reports/ac105/AC105_720E.pdf

http://www.esa.int/esaMI/Space_Debris/SEM2D7WX3RF_0.html

http://www.esa.int/gsp/ACT/ariadna/Ariadna%20Projects/ARI_study_10-CfI.html

http://www.parliament.uk/documents/documents/upload/postpn355.pdf

http://www.esa.int/esaMI/Space_Debris/SEMQQ8VPXPF_0.html3

http://www.iadc-online.org/index.cgi

http://untreaty.un.org/cod/avl/pdf/ha/tos/tos_s.pdf

http://dsostenible.com.ar/situacion-inter/instru-desechosespacial.html

http://buscon.rae.es/draeI/SrvltConsulta?TIPO_BUS=3&LEMA=planeta

http://www.arkhaios.com/?p=2989

http://www.esa.int/gsp/ACT/ariadna/Ariadna%20Projects/ARI_study_10-CfI.html

http://www.technologyreview.com/computing/18281/

http://orbitaldebris.jsc.nasa.gov/library/IAR_95_Document.pdf

http://www.youtube.com/watch?v=8iRsaizBUaY CITAR

http://www.au.af.mil/au/awc/awcgate/usspc-fs/space.htm

http://www.nuclearspace.com/

http:/!www.spectrum.ieee.org/WEBONLY/resource/nov02/speak2.htm.

http://nuclearfreeplanet.org/blogs/russias-radioactive-phobos-grunt-space-probe-fell-to-earth-sunday.html

http://space.about.com/od/privatespaceagencies/Private_and_Commercial_Space_Exploration_Agencies.htm

FSC
www.fsc.org
MIX
Papier | Fördert
gute Waldnutzung
FSC® C083411

Kolibri 360 GmbH
Ferdinand-Jühlke-Straße 7
99095 Erfurt, Deutschland
produktsicherheit@kolibri360.de

Druck:
CPI Druckdienstleistungen GmbH
im Auftrag der
Kolibri 360 GmbH
Ferdinand-Jühlke-Str. 7
99095 Erfurt